Recados de amor

Lucy Dias Ramos

Recados de amor

FEDERAÇÃO ESPÍRITA BRASILEIRA

ISBN 978-85-7328-551-2

B.N.

1ª edição – *Do 1º ao 5º milheiro*

000.5-O; 3/2008

Capa: CAROLINE DE QUEIROZ VASQUEZ

Projeto gráfico: SARAÍ AYRES TORRES

Copyright 2006 by
FEDERAÇÃO ESPÍRITA BRASILEIRA
(Casa-Máter do Espiritismo)
Av. L-2 Norte – Q. 603 – Conjunto F (SGAN)
70830-030 – Brasília (DF) – Brasil

Todos os direitos de reprodução, cópia, comunicação ao público e exploração econômica desta obra estão reservados única e exclusivamente para a Federação Espírita Brasileira (FEB). Proibida a reprodução parcial ou total da mesma, através de qualquer forma, meio ou processo eletrônico, digital, fotocópia, microfilme, Internet, CD-ROM, sem a prévia e expressa autorização da Editora, nos termos da lei 9.610/98 que regulamenta os direitos de autor e conexos.

Composição e editoração:
Departamento Editorial e Gráfico – Rua Souza Valente, 17
20941-040 – Rio de Janeiro (RJ) – Brasil
CNPJ nº 33.644.857/0002-84   I.E. nº 81.600.503

Pedidos de livros à FEB – Departamento Editorial:
Tel.: (21) 2187-8282, FAX: (21) 2187-8298.

CIP-BRASIL. CATALOGAÇÃO-NA-FONTE
SINDICATO NACIONAL DOS EDITORES DE LIVROS, RJ.
R144r

Ramos, Lucy Dias

Recados de amor / Lucy Dias Ramos. – Rio de Janeiro: Federação Espírita Brasileira, 2008
336p.: 21cm

ISBN 978-85-7328-551-2

1. Ramos, Lucy Dias. 2. Espiritismo. 3. Mediunidade. 4. Família.
I. Federação Espírita Brasileira. II. Título.

08-0961.   CDD 133.9
                            CDU 133.7

11.03.08   12.03.08   005698

Sumário

Dedicatória 9

Agradecimentos 11

PÁGINAS DE UMA ESCRITORA 13

1. Chuva de flores........................ 17
2. Aos moços 23
3. Reflexões 29
4. Quartos fechados 35
5. Chico Xavier – Uma luz no meu caminho.. 41
6. Reflexões ante a dor................... 47
7. Reflexões: a solidão 53
8. Consciência de comportamento 59
9. Aborto: silenciosas penumbras 65
10. Vidas ressequidas..................... 71
11. A arte de envelhecer 77
12. Meu irmão, meu velho amigo............ 83

SUAVES RECORDAÇÕES 87

13. Convivências espirituais 93
14. Da necessidade de se educar a mediunidade... 99

15. O médium ante os mecanismos
    da comunicação 105
16. Reuniões mediúnicas:
    regularidade e disciplina 111
17. A equipe mediúnica e a escassez de médiuns . 117
18. Mediunidade em crianças................. 123
19. Mediunidade torturada................... 131
20. Mistificações 135
21. A paranormalidade nos animais 143

SOBRE MINHA MÃE... 149

22. Laços de família 153
23. Carência afetiva e conflitos no lar........... 159
24. Balada da chuva... 165
25. Empecilhos ao desenvolvimento da criança .. 169
26. Perdas na infância 177
27. Separação familiar....................... 183
28. Lesões na alma infantil................... 189
29. Rejeições e aversões familiares 195
30. O papel do lar
    na minimização da agressividade infantil 201
31. No lar do coração 207

UMA PEQUENA SEMENTE....................... 213

32. Filhos de Deus 217
33. Ainda é tempo?.......................... 223
34. Orgulho e perdição 229
35. Momentos difíceis 233

36. Por que sofremos? 239
37. A serviço de quem sofre 245
38. Ante o sofrimento... 249
39. Reflexões 255
40. Aparentemente humildes... 261
41. Serenidade íntima 267
42. Cruzes de tormentos 273
43. Devotamento e abnegação 279
44. Brilhe a vossa luz 287
45. O sentido existencial 293
46. Gestos de amor 299
47. Orquídeas do Evangelho 305
48. Função social do Centro Espírita 311
49. Ninguém morre 317
50. A felicidade é possível 323
51. Em busca da felicidade 327

As duas árvores 331

Dedicatória

AOS MEUS pais, *Plínio e Maria José, pelo lar espírita, alicerce de amor, que me acolheu dando-me ensejo de aprimoramento moral e resgate através do trabalho no bem.*

À minha inesquecível irmã Mariinha, que muito cedo partiu para o mundo espiritual, mas soube, nos 36 anos que permaneceu na Terra, marcar sua vida com belos exemplos de amor e dedicação no lar e na seara espírita, deixando em meu espírito sua influência benéfica, estimulando-me ao estudo constante e ao desenvolvimento moral.

Agradecimentos

AGRADEÇO AOS amigos que expressaram neste livro, com generosidade, palavras de carinho e incentivo sobre estas páginas e meu trabalho no Movimento Espírita: Carlos Abranches, Suely Caldas Schubert, Alcione Andries Lopes e Emanoel Felicio. Os amigos fiéis são como luzes, neste entardecer de minha vida, incentivando-me a prosseguir.

Em especial, minha gratidão às minhas filhas Valéria e Sandra que reuniram alguns artigos e mensagens publicadas em periódicos espíritas, organizando ao lado do querido Carlos Abranches este livro, sem que eu soubesse, para homenagear-me quando completei 70 anos.

Ao meu companheiro Antonio Ramos, suporte expressivo em minha caminhada evolutiva, pela paciência e carinho ao longo destes quase 50 anos de vida em comum.

Aos meus filhos Antonio, Rejane, Sheila e Cristiano, pelo apoio e presença carinhosa ao lado dos meus genros e noras. Aos netos cujos nomes estão gravados no meu coração e constituem a motivação maior nestes derradeiros anos de minha vida, a gratidão pela presença constante ao meu lado, alegrando meus dias.

Aos meus amigos da Casa Espírita, em especial, Consolação Muanis que colaborou na finalização deste livro, meus agradecimentos pelas inúmeras oportunidades de trabalho e crescimento espiritual.

Lucy Dias Ramos

Páginas de uma escritora

ESTAS SÃO as páginas de uma escritora. Milhares de palavras, milhões de letras, multidões de idéias, sustentadas por fervorosos ideais.

Estas são as emoções traduzidas em textos de Lucy Dias Ramos. É nesta coletânea de alguns de seus melhores escritos que o leitor poderá visualizar a magia que o bem pode elaborar ao longo dos anos na vida de uma pessoa.

Lucy escreve há décadas em *O Médium*. Desta revista, ela esparramou suas reflexões por muitas outras, como *Presença Espírita*, da Bahia; *Reformador*, da FEB no Rio de Janeiro; *Revista Internacional do Espiritismo*, da editora O Clarim, de Matão (SP). Em todas, a mesma coerência e carinho trazendo o equilíbrio doutrinário e o amor para com as diretrizes cristãs, compreendidas sob a ótica espírita.

Este livro reúne textos da escritora sob quatro focos.

O primeiro é o do autoconhecimento. Nele, Lucy faz viagens para dentro de si mesma, buscando na fonte do próprio ser os elementos reflexivos que vão preencher os espaços da página escrita.

O segundo é o da mediunidade, tão bem exercida por ela, sob o amparo de queridos amigos da espiritualidade, também por muitos anos.

O terceiro considera os princípios norteadores do conceito de família. Lucy sempre viveu intensamente voltada para os deveres assumidos no lar, a fim de escrever com a devida propriedade sob o tema, posteriormente.

Por fim, o quarto e último está focado nos temas evangélicos. É nesses que a autora consome maior tempo, como que antevendo muitas de nossas necessidades, colegas de caminhada e leitores atentos às orientações que ressumam dos sentimentos elevados...

...

O propósito deste prefácio é convidá-lo a meditar sobre os assuntos aqui apresentados por Lucy Dias Ramos. Para reforçar a credibilidade da intenção, convidei outras mulheres, importantes servidoras de Jesus e de Kardec em suas áreas de atuação doutrinária, para apresentar suas opiniões sobre a amiga e irmã de ideal por tantos anos.

Colaboraram para este livro Suely Caldas Schubert, renomada escritora e médium; Valéria Dias Ramos Coutinho, filha de Lucy e com nobre trabalho no campo da mediunidade, seguindo os passos da mãe; e Alcione Andries Lopes, notável expositora e autora de textos evangélicos, de elevado teor espírita. Todas deixaram sua homenagem em forma de palavras e emoções, registrando o impacto favorável que o pensamento de Lucy lhes veio deixando nesses anos todos de amizade e carinho. Além das amigas e irmãs de ideal aqui citadas, acrescento também a contribuição de um querido companheiro de Movimento Espírita, o professor Emanoel Felício. Dedicado colaborador da Aliança Municipal Espírita de Juiz de Fora, Emanoel se prontificou a também deixar sua homenagem a Lucy.

Lucy, aproveito para agradecer-lhe por tantas mensagens de humildes expressões. Elas muito ajudaram para que seus leitores aprimorassem propósitos de elevação, projetos de atuação no bem e aprofundamento correto na busca necessária do domínio de si mesmo.

Nós, os que te lemos, aqui nos unimos, em um gesto de carinho, ao folhear este livro, em singela homenagem à sua vida dedicada ao bem, à família e a Jesus, pelos caminhos abertos por Allan Kardec.

Seja conosco nesse afeto, e muito obrigado.

CARLOS ABRANCHES

São José dos Campos (SP), novembro de 2004.

1

Chuva de flores

ATRAVÉS DA janela, fico observando a beleza do flamboaiã florido nesta ensolarada manhã de verão... Que magia nos envolve o ser, quando olhamos sua figura exuberante, com galhadas de flores numa cor indefinível, que se aproxima do vermelho, sem ser verdadeiramente desta cor... Como pano de fundo, o céu azul contrastando com sua nuança avermelhada nos demonstra a grandeza de Deus através da Natureza. Ao menor sopro do vento, mesmo na brisa do alvorecer, suas pétalas caem suavemente emoldurando nosso jardim, atapetando o chão onde pisamos, recobrindo a grama de uma tonalidade de rara beleza. Numa comparação simplista, eu diria que somos privilegiados, não temos neve em dezembro, mas temos chuva de flores enfeitando nossos dias tropicais. O chão recoberto de flores assemelha-se a um tapete rubro onde nossos pés se afundam em sua maciez, acariciando-nos suavemente como se estivesse a nos compensar pelo cansaço, pela longa caminhada nestes anos todos em que presenciamos seu crescimento. De singela muda, tão tenra e frágil transformou-se numa frondosa árvore que nos dá sombra, suaviza as agruras do verão, embeleza nosso jardim como um cartão-postal, rico em sua exuberante beleza, inconfundível em sua rusticidade e em seu porte majestoso.

Olhando-o sob seus ramos floridos não temos a visão de toda a sua beleza... Certamente os moradores dos prédios vizinhos desfrutam muito mais que nós de toda a sua magnífica performance em que ele resolveu compensar, neste ano, a ausência das luzes que enfeitavam seus galhos nos outros tempos...

Com a simplicidade do homem do campo, certo dia, ouvi de um trabalhador rural a seguinte expressão: "tudo o que é da Natureza não pertence a ninguém, é de Deus". Ele se referia aos peixes do lago que ornamenta nossa casa lá na fazenda. E ele tinha razão, porque não nos pertence o que pode ser desfrutado por todos... A mágica beleza da Natureza, suas dádivas, os peixes que são gerados espontaneamente, sem que tivéssemos colocado alevinos no lago, o brilho do sol que ilumina nossos dias e nos aquece, o encantamento de uma noite de luar...

Quem sabe, um dia seremos generosos como a Natureza com seus encantos e suas bênçãos?!

Observemos a fonte que brota na gruta, no meio de pedras e vai se estendendo caminhos afora, contornando montes, enfrentando espinhos e pragas, desviando-se dos barrancos e das rochas que tentam impedir seu curso... Ela tem um objetivo, procura um local para espraiar-se, beneficiando a todos que sedentos a busquem.

O bosque que se estende no contorno de cidades, ocultando árvores, frutos, pássaros e outros animais, é refúgio sagrado dos que preservam a Natureza e procuram cuidar de sua permanência entre nós...

O Sol que nos aquece, penetrando com seus raios generosos os lugares mais diferentes, aquecendo-nos o corpo, mantendo a vida, clareando nossos dias e preservando a vida.

A Natureza é um exemplo vivo a nos dar lições de generosidade, de compreensão, de paciência e doação constantes...

Cercados por tantos exemplos e gestos de amor, por que não aprendemos, ainda, a ser, igualmente, solidários e generosos?

Por que tanto egoísmo e frieza nos relacionamentos?

Quando entenderemos que somos todos irmãos, com a mesma origem e a mesma destinação espiritual?

Capítulo 1

Analisando estes sentimentos que afloram em meu ser, minha mente procura refletir em torno do momento atual, tão marcante e infeliz, porque passa a Humanidade em sua trajetória evolutiva...

Do entendimento acerca dos problemas que nos atingem, porque fazemos parte desta Humanidade e não poderemos fugir às conseqüências do atos de rebeldia e desobediência à Lei Divina, estamos conscientes de que somente o amor e a solidariedade nos farão romper com as amarras do ódio, da insensatez e do egoísmo.

Falar da beleza e de toda a generosidade que a Natureza nos concede, nos leva a maiores reflexões em torno do viver e do sentir... Da nossa maneira de ser nos momentos mais íntimos e naqueles que somos chamados ao testemunho da verdade, do conhecimento já adquirido sobre as coisas espirituais. Iremos refletir em nossa vivência, em nossas reações ante os infortúnios e os problemas do mundo... Quem realmente somos, sem as máscaras sociais que, muitas vezes, imprimimos como disfarce de nossos conflitos e inseguranças...

As nossas reações refletem nosso mundo íntimo.

São tão fugazes os momentos que, realmente, nos pertencem na voracidade do tempo de que dispomos para trabalhar nossas emoções, educar nossos sentimentos e viver com dignidade, como exemplos vivos do que já amealhamos em conhecimento e bênçãos da vida. Utilizar este tempo para enriquecer nossos espíritos é sabedoria. Dispersá-lo em experiências que não nos elevam, nem nos permitem um crescimento consciente na busca do progresso moral, é sinal de imaturidade e não nos ajudará na busca do sentido da vida. O vazio existencial, a falta de objetivos, a negação sistemática aos apelos do bem e do amor ao próximo, nos fazem sofrer a angústia, o tédio e os conflitos entre aquilo que se deve fazer e a nossa indiferença em aceitar nossa destinação maior, como espíritos imortais.

Vive-se com tamanha inquietação os momentos fugazes do hoje, como se a vida se resumisse na aquisição dos bens materiais, no usufruir dos prazeres mundanos, sem se importar com as conseqüências morais dos atos que degradam o ser humano, tornando-o indiferente às dores do próximo e às necessidades do outro que caminha conosco.

Contudo, não devemos nos intimidar ante o quadro que nos parece tão evidente das mazelas humanas, retratadas, a todo momento, pela mídia, pelas informações degradantes da guerra, da fome e da miséria moral das criaturas humanas. Sabemos, pelas informações dos benfeitores espirituais, que o mal é a ausência do bem e que o amor vencerá, mesmo que isto nos custe sofrimentos acerbos...

Capítulo 1

Não devemos desanimar ante o desencanto dos dias atuais e olhar apenas o lado sombrio das atitudes humanas...

Por isso, iniciei nossa conversa, querido leitor, com um quadro da natureza que nos encanta, nos leva a entender que somos herdeiros desta bênção maior do Criador, que em sua bondade infinita nos concede a alegria de vislumbrar a beleza do céu, dos campos floridos, do mar, das árvores, dos pássaros como que se nos mostrasse, em tanta generosidade, que não estamos sozinhos, que outros seres como nós estão preocupados em buscar a paz, a harmonia e que, um dia, estaremos todos unidos neste mesmo ideal de amor, usufruindo as belezas da vida, numa convivência solidária e feliz!...

Diz-nos a Benfeitora espiritual Joanna de Ângelis que:

> Jesus é o guia de segurança para este momento, e a sua doutrina, restaurada pelo Espiritismo, é o roteiro único para facultar o enfrentamento saudável e decisivo com o hedonismo perverso e devorador que toma conta das mentes e dos corações.
> Autopenetrar-se e conquistar o país de si mesmo, para administrar com sabedoria os tesouros nele existentes, é a tarefa que urge e não deve ser postergada por ninguém, traçando novas rotas para a sociedade feliz do futuro.[1]

---

[1] FRANCO, Divaldo P. *No rumo da felicidade*. Pelo Espírito Joanna de Ângelis. Santo André (SP): Centro Espírita Bezerra de Menezes, 2001. P. 136.

2

Aos moços

FIQUEI MUITO feliz quando estive conversando com vocês, a convite da direção da Mocidade Espírita Dias da Cruz, numa tarde de luz e beleza, deste ano de 2002...

Logo depois, recebi novo convite para escrever algo que pudesse ser lido daqui há 38 anos, quando a Mocidade Espírita Dias da Cruz completará 100 anos, e me emocionou saber que no futuro algum jovem estará lendo essas palavras que escrevi com o coração...

Lembrei-me da primeira vez que aqui estive, nesta Casa abençoada que nos acolhe. Foi uma experiência marcante em minha vida. Era realizada a Semana Espírita em Juiz de Fora, no ano de 1949, acompanhando meus pais (residíamos em Barra do Piraí, RJ) e eu participava da Mocidade Espírita Humberto de Campos, daquela cidade. Era muito jovem, mas já trabalhava com entusiasmo no Movimento Espírita. Quando adentramos a

Capítulo 2

varanda lateral da antiga sede, encontramos uma senhora muito simpática que nos recebeu com carinho, abraçando-nos a todos. Sorria e agradecia nossa presença e quando já íamos entrando para o salão, ela segurou-me o braço, retendo-me a seu lado, e falou baixinho: "Você tem um compromisso de trabalho nesta Casa, futuramente. Não se esqueça...". Depois, liberou-me para que eu acompanhasse meus pais.

Esta senhora bondosa, cuja luz de seus olhos profundos jamais esqueci, era a D. Zuzu (Callíope Braga de Miranda), que preconizava um fato que realmente ocorreu comigo anos depois...

Isto aconteceu há 53 anos...

Muitos anos depois deste encontro, já morando em Juiz de Fora, iniciei minhas atividades no campo da mediunidade e da divulgação espírita, na Casa Espírita onde permaneço até hoje, graças a Deus. Foi em 1965 e parece que foi ontem...

Relato este acontecimento para afirmar a todos vocês que hoje estão lendo minhas palavras e àqueles que no futuro lerem o que escrevo, que nossas tarefas no bem já estão delineadas no plano espiritual, quando assumimos deveres para com nosso próximo e na divulgação do Espiritismo...

Entretanto, muitos esquecem e se acomodam. Partem para outros caminhos. Gostaria de passar para vocês o quanto de bênçãos e oportunidades de crescimento espiritual recebi nesta Casa. Como foi bom não ter abandonado meus deveres e compromissos...

Posso dizer que o tempo me ensinou muitas verdades, e vocês, também, terão suas oportunidades de aprendizado e crescimento...

Nesta Casa, através das lições do Evangelho de Jesus e da Codificação Espírita, assimilei e procuro colocar em prática muitas coisas, como:

- Amar a vida e respeitar a Natureza.
- Não desanimar ante os obstáculos.
- Se errar, tentar consertar e recomeçar sempre.
- Manter a mente ocupada com coisas edificantes e positivas.
- Acreditar nos mais jovens.
- Acreditar na capacidade do outro.
- Manter uma atitude otimista em torno da vida.
- Confiar em Deus e em nosso futuro espiritual.
- Exercitar o perdão, a caridade e a fraternidade.
- Ensinar sem presunção ou vaidade.
- Crer na capacidade de superação dos erros.
- Ser generosa e manter vivo o ideal e o sentido da vida.
- Confiar na supremacia do bem e da paz contra a violência.

Capítulo 2

- Acreditar que o trabalho é Lei da Natureza e nos leva à civilização integral.

- Sempre que iniciar uma tarefa no bem, acreditar que receberei a ajuda do plano espiritual superior que sempre investe naqueles que trabalham a favor do próximo.

Para não me alongar muito, gostaria de registrar minha gratidão a Deus, pelo muito que recebi nesta vida, pelas oportunidades de aprendizado e realização de tarefas no bem, pela família que me apoiou e deu segurança para que eu pudesse realizar meus sonhos, pelos amigos sinceros que acreditam em minha capacidade de realizar tarefas simples, mas com amor e generosidade.

A vocês, jovens que me lêem, acreditem no poder do amor. Não desanimem, acreditem no poder da verdade e sentirão, mais tarde, como estou sentindo, que viver não foi uma experiência inútil e sim a realização de um ideal superior.

Para finalizar, vou citar um pensamento da nobre Mentora espiritual Joanna de Ângelis, que falando sobre a velhice e a juventude nos ensina:

> A vida física tem um significado extraordinário que é o de enriquecimento interior, preparação para a imortalidade (...). Viver integralmente cada momento, experienciando alegrias e paz em todos os instantes, sem consciência de culpa pelas existenciais

ações infelizes, que podem ser reparadas, nem tormento de pecado, que se transforma em conquista emocional dignificadora após harmonizar-se e agir corretamente, é o delineamento sábio e saudável que todos devem empreender em favor de si mesmos e da sociedade.[2]

Muita paz para todos.

---

[2] FRANCO, Divaldo P. *O despertar do Espírito*. Pelo Espírito Joanna de Ângelis. Salvador (BA): LEAL, 2000. P. 191.

3
Reflexões

O CARRO deslizava celeremente sobre o asfalto da estrada que nos conduziria à fazenda. Amanhecia e os primeiros raios de sol douravam os campos e as árvores que corriam ante a janela do veículo... Gosto de refletir, de pensar na vida enquanto viajo... Muitas vezes permaneço todo o trajeto da viagem sem conversar, apenas observando a Natureza e pensando, permanecendo quieta e distante, o que me leva a reflexões profundas em torno de assuntos mais sérios, como estudos que estou realizando, artigos que pretendo escrever e mesmo recordações da infância e de outras fases da vida que me levem a conclusões e sirvam de experiência nos dias atuais...

Nesta última viagem, quedei-me em recordações e pensamentos distanciando-me da realidade... O pensamento levava-me a lugares distantes, quando deparei comigo mesma preparando uma estranha bagagem... Era uma pequena valise e eu

Capítulo 3

procurava acomodar meus pertences com extremo cuidado. Pensava: "Não terei que levar muita coisa... Esta mala pequena vai dar".

Sabia que eu deveria colocar no fundo da mala os objetos que seriam usados por último e assim comecei a relacionar o que eu deveria levar: primeiramente coloquei no fundo as recordações de minha existência, das pessoas e lugares que influenciaram minha vida... Uma certa nostalgia envolveu-me, enquanto as colocava carinhosamente, preenchendo bem o espaço em que as comprimia suavemente. Depois coloquei meus gestos espontâneos de bondade, de perdão, de generosidade... Mas, quase não ocupavam lugar... Eram tão leves e tão pequenos! A seguir fui colocando em caixas bem catalogadas, o conhecimento, as coisas que aprendi, os valores intelectuais que me ajudaram a compreender a vida, as lições valiosas da Doutrina Espírita, tesouro que norteou meus passos... Depois fui colocando os sentimentos, as virtudes já conquistadas e notei que eles preenchiam os espaços vazios entre os outros objetos colocados... Eram poucos, mas procurei colocá-los em ordem. Observei que a bagagem estava quase completa e comecei a pensar no que poderia estar faltando, quando me lembrei da gratidão... Ah! a gratidão, este sentimento tão nobre, mas tão esquecido!... Como eu não me lembrava dela? Censurei-me. Era tão frágil e rara que a acondicionei em pequena caixa de veludo, macia e perfumada, que eu ganhara de uma inesquecível amiga...

"Pronto. Parece que a bagagem está completa", pensei.

Raciocinei comigo mesma: "Esses valores eu poderei levar nesta pequena valise que me acompanhará até meu destino final. Serão úteis e agradáveis. Mas como levarei os valores negativos? Pesam tanto e são tão difíceis de serem carregados... Aliás, não gosto nem de mencioná-los. Mas fazem parte da minha vida e, certamente, deverão acompanhar-me também. Entretanto, por serem mais pesados poderão ser enviados separadamente e chegarão primeiro. Já estão devidamente catalogados pela Contabilidade Divina e terei, forçosamente, que responder por eles...". Esse pensamento me inquietava um pouco... De repente, voltei à realidade.

A viagem na vida real terminara.

O carro parou. Desci, ainda, sob a forte impressão de que eu deveria acertar melhor os preparativos desta "viagem" para essa outra dimensão da vida, principalmente, cuidar melhor da bagagem que a mala grande levaria, cujo peso seria insuportável e o constrangimento maior ainda, dependendo de meu esforço aliviá-los, enquanto é tempo...

Você já se deu conta de que somos responsáveis pelos atos e pela nossa acolhida no mundo espiritual?

Capítulo 3

Já está preparando sua bagagem?

Tenho pensado muito nas coisas que poderei levar e lutado bastante para modificar o peso da mala grande, porque sei que valerá a pena todo o empenho e todo o sacrifício para diminuir seu conteúdo negativo.

Joanna de Ângelis nos ensina que:

> Durante a existência orgânica o Espírito avança a cada momento para o desenlace material, por cujo meio desenvolve todas as aptidões que lhe estão em latência.
>
> É compreensível e necessário que o ser inteligente reserve tempo para a reflexão em torno desse fatalismo inexorável. Postergar a meditação a seu respeito, por medo ou ilusão materialista, oculta imaturidade psicológica que o tempo descaracterizará.[3]

A Doutrina Espírita nos ensina a compreender melhor os valores da existência e na busca do aprimoramento moral, passamos a viver mais intensamente todos os instantes, a aproveitar todas as oportunidades de crescimento espiritual.

Refletindo em torno da morte, nesta viagem que todos empreenderemos um dia, devemos evitar o desconforto que o medo e a incerteza propiciam... O principal é seguir vivendo o melhor

---

[3] FRANCO, Divaldo P. *O despertar do Espírito*. Pelo Espírito Joanna de Ângelis. Salvador (BA): LEAL, 2000. P. 196.

possível a cada dia, na certeza de que a vida prossegue vibrando na outra dimensão existencial.

E a Benfeitora espiritual Joanna ensina:

Pensando-se na morte, ao invés de supô-la como devastação e sombra, deve-se considerá-la como harmonia e luz, que são as naturais conseqüências da luta evolutiva.

A vitória sobre a morte é inevitável, tendo-se em vista o próprio fluxo da vida![4]

---

[4] Id., Ib., p. 198.

4
Quartos fechados

CAMINHANDO PELO corredor silencioso da velha casa da fazenda, onde portas fechadas delimitavam os quartos dos que se encontravam ausentes, ouvia, apenas, o ecoar de meus passos e percebia minha sombra projetada no chão seguindo à minha frente como a me conduzir para um tempo longínquo... À medida que eu caminhava, a emoção invadia meu ser e levou-me a recordar cenas do passado, a infância de meus filhos, suas brincadeiras, suas presenças alegres, seus amigos...

Por trás de cada porta fechada, procurei rever a presença de cada um deles, suas roupas coloridas, suas botas, montarias, jogos preferidos, e como num filme que desdobrava em minha mente, revia seus gestos de carinho, suas teimosias, tantos momentos felizes neste convívio amigo que somente a família nos pode dar...

Seria tão bom se pudéssemos parar o relógio ou fazê-lo voltar a determinadas fases da vida, nas

Capítulo 4

quais pudéssemos reviver ao lado dos que amamos, momentos marcantes... Poderia ser para alguns um retroceder alegre, uma recordação, e para outros, possivelmente, ensejo de reflexão mais profunda, para reparações atuais ou mesmo para soluções mais adequadas aos nossos dias...

Nesta manhã de abril, o Sol invade com seus raios de luz o quarto à minha frente, para onde caminho... Tão próxima e real a visão que descortino agora da janela, contrastando com as sombras do corredor e suas recordações do passado... É a vida estuante lá fora, rica em sons e cores, a nos chamar à realidade do presente.

Refletir ante o impacto de certas recordações, analisar nosso comportamento de ontem comparando-o com o atual, são oportunidades de avaliação de nosso posicionamento na vida, qual o rumo que estamos dando aos nossos ideais, se nos desviamos dos planos e sonhos acalentados, se anulamos dentro de nós os objetivos maiores de crescimento espiritual.

Muitas vezes, se estivermos atentos e despertos a esta análise de nosso mundo íntimo, poderemos através de observações simples da Natureza, do ambiente físico em que nos situamos, tirar lições proveitosas e edificantes.

Quartos fechados

À medida que envelhecemos, aprendemos a nos observar melhor, a analisar com mais intensidade aquilo que nos cerca e o que está dentro de nós...

Nesta introspecção, voltando ao passado tão distante no tempo, mas tão vivo dentro de mim, analisei meus gestos, minhas atitudes, meus erros e acertos com relação aos meus familiares, ao companheiro de tantos anos, aos amigos – os que estão, ainda, comigo e aqueles que já partiram em busca de outros ideais ou para o plano espiritual... Repassei meus atos, coordenei minhas idéias, analisei minhas faltas, se consegui reparar algumas, se posso, ainda, consertar as que são possíveis enquanto caminho com aqueles que fiz sofrer...

Ao analisarmos, com sinceridade, nosso mundo íntimo, aprendemos a nos conhecer melhor, a nos perdoar – primeiro passo para aprendermos a perdoar o próximo – e chegamos à conclusão de que nem todas as pessoas estão preparadas para ouvir determinadas verdades e entendê-las sem restrições ou condicionamentos que as levem a um processo de autopiedade e comiseração. Fecham-se em seu mundo irreal de ilusões e fugas, sem abrirem as portas para uma percepção mais ampla e profunda e se deixam levar pela vida, sem responsabilidades maiores ou mudanças necessárias.

Não são realmente felizes. São como quartos fechados, escondendo seu mundo íntimo, sem ousa-

Capítulo 4

rem transportar o exterior, nem se dispõem a abrir as portas porque temem encontrar sua realidade, seus anseios, suas dores, seus conflitos e suas frustrações...

Sem o autodescobrimento o ser fica estagnado ante seu processo de crescimento espiritual, ante os deveres que a vida lhe impõe e, portanto, não se sente realizado e feliz. Busca na ruidosa vida exterior as compensações ilusórias tentando ocultar suas necessidades maiores, suas carências e suas lutas íntimas.

Infelizmente recusa ajuda, encastela-se em seus pensamentos egoísticos e em sua vaidade como compensação à falta de serenidade e paz...

Ao contrário, o homem que se analisa, segundo o pensamento da nobre Mentora espiritual Joanna de Ângelis, "e se conquista, supera os mecanismos de fuga, de transferência, de responsabilidade, de rejeição e outros, para enfrentar-se sem acusação, sem justificação, sem perdão".[5]

Sabemos não ser fácil. É um desafio que teremos de enfrentar... Outros lograram obter a serenidade íntima e a conquista de si mesmo e são exemplos dignos de serem seguidos.

Homens e mulheres anônimos entregaram-se aos ideais que lhes vitalizaram as existências e, supe-

---

[5] FRANCO, Divaldo P. *O ser consciente*. Pelo Espírito Joanna de Ângelis. Salvador (BA): LEAL, 1994. P. 152.

rando-se, autoconquistaram-se. A conquista de si mesmo está ao alcance do querer para ser, do esforçar-se para triunfar, do ver para jamais morrer...[6]

Essa conquista, certamente, inicia-se na introspecção, na auto-análise e na busca das soluções que poderemos conquistar para superação de nossas imperfeições morais, vencendo todas as barreiras que o comodismo e a negligência colocam em nossa vida como empecilhos ao nosso crescimento espiritual.

Se não conseguimos sozinhos superar nossas dificuldades, busquemos ajuda. É muito mais válido do que fugir de quem nos pode ajudar com a mesma intensidade com que fugimos de nós mesmos...

Saindo das sombras do corredor vazio, onde as portas fechadas escondem todo um passado de lutas e desafios, podemos chegar ao mundo real de hoje, onde poderemos retomar nossas decisões de acertar, de prosseguir na busca incessante da conquista de nós mesmos para atingirmos a plenitude e a paz!

---

[6] Id., Ib., p. 153.

5

Chico Xavier
– Uma luz no meu caminho

> "*A sabedoria é o caminho. O amor é a luz.*"
> Emmanuel

Ele caminhava ao nosso encontro... Seus passos eram firmes, seu olhar terno e penetrante envolvia-nos em ondas de paz... Revejo-o em minha mente com a mesma expectativa de outrora e sinto novamente a paz e uma alegria incontida dominar meu ser...

Ao entardecer, reuníramos na plataforma da estação ferroviária para esperá-lo e todos guardávamos a mesma ansiedade e nos emocionamos ao vê-lo descer do trem que chegara de Minas. Jamais esqueci aquele homem simples caminhando ao nosso encontro, naquela tarde tão distante de minha vida.

Capítulo 5

Eram freqüentes as suas viagens para determinadas cidades, quando ele trabalhava no Ministério da Agricultura e participava das exposições agropecuárias. Vindo de Belo Horizonte, o trem que o conduzia, baldeava em Barra do Piraí para seguir, algumas horas depois, para São Paulo. Chico Xavier chegara no Expresso de Minas e seguiria para Cruzeiro. Certamente seria acompanhado por Sebastião Lasneau que sempre o seguia nestas viagens, desfrutando de sua companhia e de sua amizade.

Morávamos em Barra do Piraí, neste ano de 1952. Meus pais e alguns confrades se reuniram na estação para recebê-lo. Iríamos fazer uma refeição juntos e depois o levaríamos de volta para o embarque rumo à cidade de Cruzeiro.

Éramos poucos... Lembro-me do Lasneau, Paulo Marins, Sr. Jacinto (presidente do Grêmio Espírita naquela época), Sr. Abel Macedo e esposa, meus pais e eu, que não poderia ficar muito tempo, porque estudava à noite e tinha prova naquele dia.

Abraçamo-nos felizes... Chico sempre humilde e atencioso falou da alegria daquele encontro agradecendo-nos a gentileza da companhia naquela espera do trem noturno... Ouvia-o com atenção, e quando me dei conta já era hora de ir para o colégio fazer prova de Química... Ah! como me arrependo de não ter "matado" aula para ficar mais tempo em sua companhia... Despedi-me de todos e Chico Xavier ficou na gare da estação olhando-me distanciar...

Passaram-se os anos... O médium querido ficou famoso. Foi ficando cada vez mais difícil revê-lo e muitas vezes desejei abraçá-lo novamente, falar-lhe com o coração, aconselhar-me com ele... Mas isto não foi possível da forma habitual.

Aconteceu, porém, durante um sonho singular.

Quatro anos após aquele encontro inesquecível, perdi minha irmã mais velha, que era espírita e amiga de Chico Xavier, a quem devotava grande estima e admiração.

Anos depois, já casada e completando 10 anos de aniversário de nosso casamento, recordava com muita saudade minha irmã, quando ao deitar-me orei a Jesus pedindo que se possível a encontrasse naquela noite. Ela não comparecera materialmente ao nosso casamento, e seria motivo de muita felicidade estarmos juntas novamente.

Era uma noite chuvosa de janeiro. Estávamos na fazenda e sonhei que Chico Xavier viera nos visitar, e na sala, junto à varanda, sorria para nós dizendo:

"Sua irmã não poderá estar com vocês esta noite. Mas recebi uma carta dela para vocês e a trouxe".

Capítulo 5

E, pausadamente, ele leu algumas laudas de papel.

Enquanto ele lia, observei surpresa que não era sua voz que ouvíamos e sim a de minha irmã, orientando-nos e aconselhando-nos como o fazia quando encarnada. Ficamos muito emocionados e ao acordar, uma sensação de paz e felicidade, como há muito não sentia, se apoderou de mim.

Algumas outras vezes sonhei com ele e sempre a mesma paz e serenidade íntima em meu ser. Logo que comecei a escrever e não mostrava a ninguém meus artigos, guardando-os na gaveta de minha mesa no escritório, sonhei que descíamos juntos a rampa no 2º piso da Casa Espírita, e ele aconselhava-me a publicar o que escrevera, dizendo: "Cuidado com os talentos perdidos. Distribua com os outros seus sentimentos, suas experiências, seu conhecimento...".

Tempos depois o revi em Juiz de Fora. Creio que foi a última vez que esteve em nossa cidade, na década de 1980. Aguardei em longa fila, noite adentro, para poder falar com ele, durante sua visita à Casa do Caminho.

Mesmo estando ainda há alguns metros distante de sua presença, já sentia a emoção e a vibração de paz que emanava de seu coração amoroso...

Diante dele, emocionada, antes que pronunciasse qualquer palavra, ele assim se expressou:

"Querida irmã Lucy. Há quanto tempo... Como vão nossos amigos de Barra do Piraí, Sr. Plínio e D. Zezé? E o Lar da Criança?".

Respondi-lhe as perguntas, com muita pressa, porque muitos aguardavam na fila a vez de falar-lhe. Beijou-me o rosto, entregou-me o botão de rosa que estava sobre a mesa e de seu olhar senti emanar toda a força do amor...

Invadiu-me uma sensação de paz e euforia espiritual que perdurou muitas horas...

Como está distante aquele entardecer em que um homem simples e bondoso caminhava em minha direção... Quantas vezes tentamos nos acercar dele, nestes anos todos à procura de uma orientação, de um apoio fraterno, de sua paz e não conseguimos...

Chico Xavier – a expressão mais real do amor e da bondade que um ser humano pode apresentar em nossos dias tão conturbados...

Ele partiu. Agora para uma nova dimensão de vida.

Nossos reencontros serão cada vez mais difíceis!

Mesmo em sonhos!

6
Reflexões ante a dor...

NA MANHÃ fria de inverno, contemplando através da janela a rosa em sua haste, com elegância e beleza invulgar, demonstrando a perenidade da vida em sua constante renovação, meu pensamento alteia em divagações mais elevadas, buscando na certeza da existência de Deus a fé e a coragem para prosseguir na romagem terrena.

Uma suave brisa acaricia meu rosto. Admiro o céu e percebo o sol tentando romper, aos poucos, a bruma deste amanhecer. Começo a pensar em você, querido leitor, que de alguma forma irá pinçar nestas reflexões o desejo sincero de levar até seu coração a luz do amor, da esperança e da certeza em dias melhores, suavizando as agruras do caminho.

A serenidade íntima é conquista individual que logramos após vencer as próprias dificuldades que criamos no passado e teimosamente persistem a nos perturbar o mundo interior. Entretanto, se

Capítulo 6

não posso transmitir esta paz inalienável, posso irradiar, através das palavras que ora escrevo, as vibrações desse sentimento maior que guardo em meu ser e desejo compartilhar com você.

Recordando Jesus à margem do lago de Genesaré, suavemente envolvendo a todos que o cercaram naquela tarde ensolarada, cujos raios de sol desenhavam arabescos de luz nas águas tranqüilas, cresce em todos nós o desejo de sermos generosos, úteis, solidários ante a dor alheia. A lembrança de Jesus desperta em nosso íntimo o imperativo do aperfeiçoamento moral, da busca de uma verdade que traga ao nosso viver a estabilidade necessária para uma vida sem conflitos perturbadores.

Experimente você, que acompanha meu pensamento, chamá-lo através das lembranças nas narrativas que enriquecem e povoam nossa vida, evocando passagens de sua permanência aqui na Terra e verão como, aos poucos, a aflição se desvanece, o sofrimento é acalmado, anestesiam-se as emoções desequilibrantes e o coração enternecido bate mais ritmado, nossa mente clarifica-se ampliando nossa capacidade de análise e compreensão de tudo o que nos perturba e que nos cerca.

A sua voz fala novamente ao nosso coração através do tempo em ondas que vibram cada vez mais intensamente em nossa mente:

O Reino dos Céus começa no imo de cada coração. As claridades que aí acendemos não visam a iluminar sendo aqueles que as carregam edificados pela esperança (...). A escuridão é somente pobreza da visão de quem observa as sombras. O olhar que se amplia, sem deter-se nos detalhes, abarca a amplidão, mas não retém a beleza da paisagem, na sua riqueza de cromos e de cores (...). A paciência é a lembrança lenificadora do sofrimento, irmã da esperança e companheira ideal da fé.[7]

Nestas palavras de Amélia Rodrigues, evocando os ensinamentos de Jesus, percebemos que ante o sofrimento teremos que exercitar a paciência, que nos dará o alento da esperança alicerçada na confiança em Deus.

Entretanto, quando sofremos, nem sempre podemos entender as sublimes advertências que nos chegam através das enfermidades ou dos males morais... Perdemos valiosas oportunidades de crescimento espiritual ante o infortúnio, e a dor que nos infelicita em forma de desilusão, de perdas afetivas, materiais ou mesmo quando somos feridos pela calúnia e abandonados pelos amigos e familiares.

Quando a enfermidade se abate sobre nós, impedindo-nos o livre acesso às situações que an-

---

[7] FRANCO, Divaldo P. *Há flores no caminho*. Pelo Espírito Amélia Rodrigues. 3. ed. Salvador (BA): LEAL, 1992. Pp. 70 e 71.

tes dominávamos, cerceando nossa ação e poder, é que nos sentimos como que perdidos, desamparados e muitas vezes frustrados em nossas aspirações mais íntimas.

É a hora do testemunho e aferição de todos os valores que supúnhamos deter. Repassam-se em nossa mente tudo o que a Doutrina Espírita nos concede em bênçãos de conhecimento, de apoio moral e recursos que apregoamos como importantes em nossa vivência. De início, sentimo-nos incapazes de, realmente, exemplificar estes valores. Lamentamos, choramos e clamamos ante a impossibilidade de uma atitude mais positiva e coerente de nossa parte. Aos poucos, buscando na oração o equilíbrio, o entendimento necessário para suportar este momento difícil, utilizamos, a partir daí, todos os recursos que o Espiritismo nos concede.

A luta íntima prossegue. Exige de nós a lucidez, a coragem e a perseverança, a humildade e a fé. Finalmente nosso espírito se aquieta... Nossa mente rompe com a retaguarda do medo, da inquietação, da sombra, e compreendemos, mais do que nunca, o valor da vida, o conhecimento espírita que nos felicita o coração. Neste estágio, a prece surge como a sublime renovadora de nossos pensamentos e emoções, equilibrando-nos e mantendo-nos receptivos a toda ajuda espiritual que nos chega através dos benfeitores espirituais. Ela não suprime a dor, se necessária, mas modifica nosso mundo íntimo para que possamos analisar com clareza a situação ou o problema que nos aflige.

Quando a dor te entenebrece os horizontes da alma, subtraindo-te a serenidade e a alegria, tudo parece escuridão envolvente e derrota irremediável, induzindo-te ao desânimo e insuflando-te ao desespero; todavia, se acendes no coração leve flama da prece, fios imponderáveis de confiança ligam-te o ser à Providência Divina.[8]

Neste momento mágico, a lembrança de Jesus acende claridades em nossos espíritos, suaviza nossas angústias, ameniza nossas dores mais acerbas e pacifica nossos corações.

---

[8] XAVIER, Francisco C. *Religião dos Espíritos*. Pelo Espírito Emmanuel. Rio de Janeiro: FEB, 1978. P. 83.

7
Reflexões: a solidão

ESTATÍSTICAS RECENTES mostram a realidade brasileira onde pessoas de níveis sociais mais elevados estão vivendo sozinhas, retraídas em seu mundo íntimo sem se darem conta de que a solidariedade e o calor humano são indispensáveis ao crescimento do ser humano. Somos como gemas brutas, com saliências e discrepâncias cujo burilamento somente será possível com o relacionamento humano no dia-a-dia, no lar e no âmbito social. Sem a convivência diária, sem o calor de um afeto que alimente nossos sonhos e ideais, que nos permita dialogar, oferecer ajuda ou pedi-la, quando necessário, ficamos isolados, indiferentes ou na defensiva, sem o aprimoramento que o convívio social e familiar nos possibilita.

A solidão que muitos amargam e não sabem como sair dela, é fruto, geralmente, de uma decepção amorosa, de um desencantamento com algum

Capítulo 7

amigo ou familiar, levando o ser humano a se reprimir, refugiar-se num mundo particular com medo de novas tentativas de um convívio mais íntimo.

Quando líderes religiosos buscam enfatizar o trabalho voluntário, a solidariedade humana, ficamos pensando até onde estas pessoas conseguirão se isolar, realmente, ante um mundo de tantas misérias e de tantas dores que a mídia explora e expõe tentando comover a todos nós.

A maior incidência de seres humanos que vivem (supostamente) isolados está na classe social mais elevada. Estas pessoas procuram se cercar de muito conforto, de muitas opções de lazer, de muitos amigos que despacham para seus redutos, tão logo possam, novamente reclusos, viver sua solidão, egoisticamente, receosos de novos compromissos ou elos familiares que os perturbem.

Será que estas pessoas são realmente felizes?

O que procuram fazer quando sentem a tristeza e a depressão ameaçarem seus mundos particulares?

Segundo estudos médicos, as pessoas que vivem sozinhas estão mais fadadas a adoecer porque não têm regras ou horários mais condizentes com suas necessidades físicas, do que aqueles que habitam um lar organizado, com um companheiro ou companheira, filhos e parentes. Psicologicamente o ser humano normal tem necessidade de uma vida gregária, familiar. Muitos alegam que viver só traz harmonia e tranqüilidade, evita os desgastes naturais de um relacionamento que vai se deteriorando com o tempo. Mas as conseqüências danosas que a solidão acarreta para o ser humano são bem mais graves que o "stress" de um casamento rotineiro ou problemático.

Muitos vivem só por contingência da própria vida – filhos que já se casaram e vivem suas novas opções, entes queridos que já partiram para o mundo espiritual. Na idade madura é mais fácil lidar com a solidão e inúmeras pessoas vivem sozinhas, mas não se isolam por opção de vida e sim por necessidade.

Argumentam os mais jovens que moram sozinhos, que a solidão facilita a concentração em seus objetivos profissionais, ajuda a memória e a concretização de um trabalho intelectual e/ou artístico. Entretanto, cabe-nos ponderar que isto não justifica o isolamento do ser humano, ainda capaz de construir um lar e partilhar com outras pessoas o seu mundo. O prazer egóico de viver só para não ser perturbado ou incomodado é um processo patológico do espírito.

Joanna de Ângelis em seu livro *O homem integral*, psicografia de Divaldo Pereira Franco, inclui a solidão como um dos fatores de perturbação do ser humano. Sabemos que muitos sentem o flagelo da solidão, mesmo acompanhados ou fazendo parte de um núcleo familiar. Vivem na sociedade os

Capítulo 7

solitários por opção, os marginalizados e os que são portadores de conflitos íntimos e se sentem rejeitados pelo mundo.

Existem, ainda, os solitários que buscam na glória efêmera, nos negócios, nas viagens constantes, disfarçar sua necessidade de compartilhar ao lado de alguém o seu mundo, de se entregar a um relacionamento duradouro, por medo de novos fracassos ou de um reencontro com sua realidade.

O homem solitário, todo aquele que se diz em solidão, exceto nos casos patológicos, é alguém que se receia encontrar, que evita descobrir-se, conhecer-se, assim ocultando sua identidade na aparência infeliz de incompreendido e abandonado.[9]

Sem generalizar, poderemos afirmar que, muitas vezes, os que vivem sozinhos estão menos solitários que os que buscam nos prazeres do mundo, nas conquistas efêmeras da glória e do poder, uma razão para suas vidas sem paz e sem confiança no futuro.

Por trás dos triunfos de uma profissão bem-sucedida, da fama e da projeção social, muitos escondem a tristeza da solidão, de sua instabilidade emocional e sofrem a incompreensão dos que os acompanham nesta corrida competitiva em busca de prazeres materiais que não o planificam, apenas

---

[9] FRANCO, Divaldo P. *O homem integral*. Pelo Espírito Joanna de Ângelis. Salvador (BA): LEAL, 1990. P. 21.

o atormentam, tornando-o cada vez mais arredio em sua reclusão.

Jesus, o Psicoterapeuta Excelente, ao sugerir o "amor ao próximo como a si mesmo" após o "amor a Deus" como a mais importante conquista do homem, conclama-o a amar-se, a valorizar-se, a conhecer-se de modo a plenificar-se com o que é e tem, multiplicando esses recursos em implementos de vida eterna, em saudável companheirismo, sem a preocupação de receber resposta equivalente.[10]

Viver sozinho por opção consciente ou por necessidade é um direito de cada um, mas mesmo assim deveremos ser solidários e integrados no mundo em que vivemos, procurando ajudar aos que não conseguem, ainda, caminhar sem o apoio dos mais fortes, sorrir sem o estímulo dos felizes...

O homem solidário nunca estará solitário, viverá em paz consigo mesmo e com o mundo.

---

[10] FRANCO, Divaldo P. *O homem integral*. Pelo Espírito Joanna de Ângelis. Salvador (BA): LEAL, 1990. P. 21.

8
Consciência de comportamento

MUITAS PESSOAS sofrem com a perda de familiares e amigos, quando partem para o outro lado da vida, sem terem tido a oportunidade de dizer o que sentem...

Durante a enfermidade de alguém que nos é muito querido, com a expectativa angustiosa de uma perda eminente, ficamos pensando como seria triste se não tivéssemos uma nova oportunidade de externar nossos sentimentos.

Eu não me importava, até então, de dizer certas coisas ou palavras gentis, deixava muitas atitudes para amanhã ou depois, mas agora que estive tão perto de perdê-lo, resolvi mudar e dizer-lhe o quanto você é importante para mim.

Quero a partir de hoje ficar um pouco mais ao seu lado, ouvir com maior atenção o que tem para

Capítulo 8

me dizer, observar seus gestos, deixar-me ficar sem pressa, ouvir sua voz, observar sua maneira de andar, de abraçar...

Talvez não haja um amanhã e quero gravar em minha mente seu sorriso, suas manias, a cor de seus olhos, de seu cabelo...

Quero a partir de hoje orar com você procurando alçar nossos espíritos a lugares nunca visitados e juntos haurir das bênçãos dos céus.

Hoje vamos caminhar de mãos dadas pelo campo, pisando na relva macia, ouvir o canto dos pássaros, o murmúrio suave das águas do lago, descansar nossos corpos sob a árvore frondosa que acompanhou nossa vida ao longo de todos esses anos... Quero, no outono de nossas vidas, ficar mais tempo com você e recuperar todos os momentos que não pudemos usufruir...

Estas reflexões conduziram meu pensamento a algumas lembranças que desejo repassar para você, querido leitor.

Costumamos, muitas vezes, deixar estas atitudes para depois, mas não sabemos se haverá um amanhã com todas as possibilidades de hoje, se teremos as mesmas oportunidades de vivenciar instantes idênticos aos que podemos realizar neste momento...

Ao longo do tempo, ao distanciar-nos das coisas passadas, boas ou más, nos damos conta de que não soubemos valorizar a felicidade simples das horas bem vividas na prática do bem, nos momentos de solidariedade e de gratidão. Detemo-nos, muitas vezes, a lamentar o que se foi, o distanciamento dos entes queridos, a perda dos amigos, as oportunidades não aproveitadas... Sempre sob a ótica do imediatismo ou da materialidade das coisas que nos cercam. Contudo, se as observarmos no infinito da espiritualidade que nos é própria, se levarmos em conta todo o tempo de que dispomos como espíritos imortais, iremos verificar que nada se perde, tudo é oportuno e válido quando se ama e se compreende o valor real da vida e seu sentido mais amplo e profundo.

Dos erros cometidos retiramos a experiência e o conhecimento de sua necessária reparação. Das horas vazias e ociosas, sabemos que deveremos trabalhar em dobro e produzir com maior intensidade o que não realizamos a tempo. Dos nossos equívocos e desencontros, aprendemos o valor da atenção e da compreensão, sem a precipitação e o preconceito que nos levam a considerações impróprias.

Mas as horas bem aproveitadas no bem, no perdão incondicional, na ternura e no afeto aos que nos cercam, nas pequenas atenções do dia-a-dia, na realização dos deveres assumidos, irão, certamente, nos propiciar uma serenidade íntima que nenhum prazer material nos concede, porque estamos investindo no nosso futuro espiritual.

Capítulo 8

Viver o dia de hoje como se não houvesse um amanhã aqui na Terra, abençoada escola que enriquece o nosso espírito, será a única maneira de estarmos aproveitando integralmente as horas, desde que nos detenhamos na análise do que realmente conta para o progresso moral no meio em que vivemos.

Aprendi com o sofrimento que a dor é a retificadora de nossos atos e comportamentos quando entendemos o porquê de estarmos vivendo e compreendemos a eficácia da Justiça Divina que nos propicia a reparação dos erros do passado e nos concede inúmeras oportunidades de reajuste.

Olhando com maior compreensão e ternura aqueles que caminham ao meu lado, posso hoje dizer que não me sinto derrotada ou perdida nas reflexões de meu viver, posso entender cada coração que está ao meu lado e aceitar suas lutas, seus desencantos, suas exigências, sem que isto me leve a sofrer ou inquiete meu mundo íntimo. Não há segredo nem é privilégio. Apenas o amor que inunda meu ser e me faz entender o outro como eu desejaria que todos me entendessem. É tão simples, mas não conseguimos esse sentimento senão através da experiência e da compreensão maior das Leis Divinas.

Jesus nos ensinou o caminho. Você também, querido leitor, poderá segui-lo. Basta ouvir na acústica de sua alma seus ensinamentos e sentirá mais leve o seu fardo, mais suave sua dor, mais conforto em sua alma.

Contemplando a beleza da Natureza que o cerca, você entenderá o valor da renovação, da continuidade, da perseverança, e saberá lutar com mais tenacidade na busca de seu ideal, de seus objetivos na vida.

Joanna de Ângelis em seu livro *Momentos de consciência*, finalizando o capítulo 3, nos diz que o comportamento é o resultado no nível de consciência de cada ser. Assim, não posso ditar normas a você com relação ao que deve ou não fazer, já que você, como adulto, já as recebeu durante sua vida no lar, na escola, na sociedade religiosa a que pertença. Posso simplesmente dizer que não há felicidade real e duradoura quando nossa consciência nos acusa de algo que não realizamos ou de alguma falta que ainda não reparamos. Dependerá unicamente de você a conquista da tranqüilidade e da paz!

"O Espírito prova a sua elevação quando todos os atos de sua vida corporal representam a prática da Lei de Deus e quando, antecipadamente, compreende a vida espiritual."[11]

Esta elevação é gradativa e nem todos nós a possuímos, ainda, contudo poderemos conquistá-la na vivência dos ensinamentos de Jesus.

---

[11] KARDEC, Allan. *O Livro dos Espíritos*. 74. ed. Rio de Janeiro: FEB, 1994. Questão 918.

Capítulo 8

A compreensão e a consciência que norteiam nosso comportamento serão adquiridas através das lutas e conquistas espirituais, sob a orientação dos exemplos dos que enriqueceram nossa vida de relação.

Com raras exceções, os grandes vultos da Humanidade possuíram uma superior consciência de comportamento e apoiavam-na nas reminiscências do lar, do carinho dos pais, dos avós, dos mestres, que lhes constituíram exemplo digno de ser imitado. As suas reminiscências foram ricas de beleza, de bondade, de amor, com que se equiparam para os grandes lances da existência, e, aqueles que foram vítimas de holocaustos, possuíam pacificada a consciência por sacrificarem-se em favor da posteridade.[12]

---

[12] FRANCO, Divaldo P. *Momentos de consciência*. Pelo Espírito Joanna de Ângelis. 2. ed. Salvador (BA): LEAL, 1995. P. 30.

9
Aborto: silenciosas penumbras

ABORTO É a interrupção da gravidez com a destruição da concepção, ocasionando a morte do ovo, embrião ou feto, dependendo da fase na qual ocorre.

Existem dois tipos de aborto: o *espontâneo*, que surge sem qualquer interferência externa, motivado por inúmeras causas, como defeito uterino, problema psicológico, má-formação fetal, patologia paterna, etc., e o *provocado*, que ocorre por atuação externa de médicos, parteiras ou pela própria mãe.

São inúmeras as justificativas dos que apregoam o aborto provocado e lutam pela sua legalização. As mais freqüentes argumentações dos que o defendem são: motivo social (rejeição da gravidez pela família), econômico, moral (estupro), terapêutico, eugênico (patologias hereditárias) e o demográfico (controle da natalidade). Entretanto, nenhuma das justificativas acima citadas, com exceção do motivo terapêutico, atenuam este ato.

O Código Penal Brasileiro, em sua parte essencial, inclui o aborto entre os crimes contra a pessoa e contra vida. No cap. I, arts. 124 a 126 relata:

> Só é permitido o aborto quando não há outro meio de salvar a vida da gestante (aborto terapêutico ou necessário) e se a gravidez resulta de estupro (aborto moral). Nestes casos, o aborto só é feito com o consentimento da vítima ou de seu representante legal, na hipótese de incapacidade daquela para opinar.

Consoante a nossa legislação, Allan Kardec, há mais de 150 anos, em *O Livro dos Espíritos* analisa este tema nas questões 358 e 359:

> Há crime sempre que transgredis a Lei de Deus. Uma mãe, ou quem quer que seja, cometerá crime sempre que tirar a vida a uma criança antes do seu nascimento, por isso que impede uma alma de passar pelas provas a que serviria de instrumento o corpo que se estava formando.[13]

Apenas no caso em que a vida da mãe estivesse em perigo pelo nascimento da criança, "Preferível é se sacrifique o ser que ainda não existe, a sacrificar-se o que já existe".[14]

---

[13] KARDEC, Allan. *O Livro dos Espíritos*. 74. ed. Rio de Janeiro: FEB, 1994.
[14] Id., Ib.

Fica claro na afirmação acima de que apenas o aborto terapêutico, com o consentimento da mãe, é justificável, excluindo os outros motivos. Entretanto, muitos casais optam pela continuidade da gestação, consoante seu grau de espiritualidade e por entenderem que aquela vida deve prosseguir. É uma decisão que deve ser tomada pelo casal. No caso de estupro, não podemos deixar de avaliar todas as implicações morais e analisar a condição do espírito reencarnante, que não deverá ser "punido" pelo fato do pai ter cometido um crime, o que seria injusto e antiético.

A Doutrina Espírita posiciona-se contra o aborto porque tem como princípio básico que *todo indivíduo é um espírito encarnado, que anteriormente teve outra existência e sobreviverá após a morte física.* Ora, o objetivo principal da vida física é o progresso moral do ser e sua destinação é buscar, na linha da evolução espiritual, a perfeição relativa.

Ensinam-nos os Espíritos Superiores que:

A união começa na concepção, mas só é completa por ocasião do nascimento. Desde o instante da concepção, o Espírito designado para habitar certo corpo a este se liga por um laço fluídico, que cada vez mais se vai apertando até ao instante em que a criança vê a luz. O grito, que o recém-nascido solta, anuncia que ele se conta no número dos vivos e dos servos de Deus.[15]

---

[15] Id., Ib., questão 344.

Capítulo 9

Assim, desde a concepção estão presentes os elementos básicos do ser humano, os recursos psicológicos e espirituais constituindo um ser com individualidade e personalidade própria.

A maternidade é para a mulher a missão mais sublime porque a coloca como co-criadora da vida. Ninguém tem o direito de impedir a reencarnação de um Espírito e a legalização do aborto é contrária à Lei Natural ou Divina.

Além das questões religiosas citadas acima, teremos que ressaltar as complicações físicas imediatas como perfurações uterinas, lesões intestinais, hemorragias, infecções uterinas, anemias, irregularidades no fluxo menstrual, etc. E os desequilíbrios psíquicos, as perturbações nervosas com distúrbios de comportamento, complexo de culpa, envelhecimento precoce, remorso, depressão, angústia e outros sintomas, desestruturando a personalidade materna e o núcleo familiar.

Analisando mais profundamente as conseqüências do aborto criminoso não nos podemos esquecer das graves seqüelas espirituais que se refletem no perispírito, com mutilações de difícil erradicação. Mulheres que provocam o aborto sofrerão sérios danos no centro genésico, recebendo como filhos espíritos comprometidos com a Lei Divina por crimes da mesma gravidade. Apesar de muitas controvérsias e necessidade de se considerar os fatores determinantes, no caso do estupro não é lícito nem prudente interromper a gravidez. A legislação divina possui instrumentos de regeneração e recuperação que não podemos desconsiderar, jamais.

É discutível, no meio espírita, a hipótese do aborto moral em casos de estupro. Cada indivíduo agirá de conformidade com seu nível ético, sem desmerecer a vida que se projeta nesta gestação e os compromissos espirituais.

Diz-nos Jorge Andréa, num artigo intitulado "Aborto: silenciosas penumbras", inserido na revista *Presença Espírita*, de Salvador, Bahia,

> que qualquer movimentação agressiva, com finalidade de destruir o produto da concepção, resultando no conhecido aborto, logicamente desencadeia imensas conseqüências, não só na zona física, mas, principalmente, no campo espiritual. São incalculáveis os prejuízos daí advindos.

O aborto criminoso é de suma gravidade pelas implicações morais e sociais, que repercutem na atual reencarnação, no plano espiritual e no retorno do Espírito culpado ao mundo físico.

Ninguém tem o direito de impedir a reencarnação de um Espírito. É um ato contrário à Lei de Deus!

Que os legisladores e todos os que são responsáveis pelas leis sociais pensem nisto, com seriedade. A lei humana não poderá julgar, apenas, sob o aspecto social e material este ato cuja violência e agressividade somente serão avaliadas pela Justiça Divina.

10
Vidas ressequidas

DE REPENTE, você se dá conta de que não dispõe de muito mais tempo no calendário da vida e reconhece que deverá valorizar os momentos atuais, sem perdas de oportunidades que se lhe deparem com objetivos nobres e enriquecedores... Você percebe que não deve olhar para trás com intuito de se ressentir daquilo que passou ou das pessoas que lhe desapontaram ante os sonhos e as realizações perdidas. Você percebe que deverá enriquecer seus dias, talvez os derradeiros, com gestos de ternura, palavras de luz que ajudem aqueles que caminham a seu lado ou os que buscam orientação ante os deveres com os quais você se comprometeu...

Sua atitude deverá ser a de não recontar os fatos perdidos, não desperdiçar suas horas e ocupar seus dias com tarefas mais sérias que enriqueçam seu espírito. Você passa a dar mais atenção aos acontecimentos simples e analisa cada momento com mais profundidade, usufruindo o que a vida lhe dá de mais puro e singelo compartilhando as belezas da Natureza e suas riquezas com os seres mais humildes, como as abelhas que sob a árvore frondosa buscam no néctar das flores seu alimento, enquanto você busca saborear seus frutos.

Você percebe que seus sentimentos de fraternidade e amor se dilatam, neste contato mais íntimo com o meio em que você vive, com os que estão a seu lado e você vai sentindo que ao valorizar o que lhe cerca, desde os bens que a Natureza lhe concede generosamente, aos valores morais que busca desenvolver neste aprendizado, fica mais fácil entender as leis da vida e seus compromissos maiores...

Joanna de Ângelis, em seu livro *Triunfo Pessoal*, psicografia de Divaldo P. Franco (1. ed., LEAL, p. 35), nos diz que "os sentimentos expressam a capacidade que possui o ser humano de conhecer, de compreender, de sentir e compartir as emoções que o vitalizam nas suas diversas ocorrências existenciais".

Quando aquilo que está diante de mim, seja uma flor, uma folha ressequida pelo Sol que se deixa levar pela brisa da manhã, um pássaro que canta, a presença de um amigo, sensibiliza meu espírito, passo a sentir emoções enlevadas que me levam a reflexões mais profundas em torno da existência.

Vidas ressequidas

Nossas vidas são enriquecidas por estes momentos que seriam como uma preparação para os atos e compromissos assumidos perante o nosso próximo e nossa consciência ética. Com o pensamento direcionado para o bem, adquirimos o conhecimento do sentido verdadeiro da vida, o que enriquece nosso mundo íntimo e nos torna mais produtivos, desenvolvendo nossa capacidade de amar, de compreender o outro, de sentir e de servir. Educam nossos sentimentos.

Ao contrário, quando vivemos apenas lutando por nossa sobrevivência física, aferrados aos bens materiais, preocupados com as conquistas que nossa vaidade e nosso orgulho direcionam como as mais importantes, perdemos a sensibilidade ante o que é realmente essencial e verdadeiro, como vidas ressequidas que o vento da inutilidade conduz a destinos incertos e sombrios...

Todo aprendizado para ser duradouro exige de nós atenção, exercícios objetivos e, de certo modo, algum sacrifício pela necessidade de aplicação da teoria na vida prática. O mesmo sucede quando nos dispomos a educar nossos sentimentos, aprimorando nossas emoções, analisando-os e refletindo nas mudanças que ocorrem dentro de nós...

Este aprendizado requer de nós alguns treinamentos, como o de ouvir com paciência o que o outro tem a nos dizer e recolher a sua melhor

Capítulo 10

parte, perdoar a incompreensão que algumas palavras direcionadas a nós transmitem, valorizar as pessoas que estão em nosso convívio familiar e social, seus gestos de carinho, como o aconchego de um abraço, o apoio de um aperto de mão a traduzir o que vai no íntimo de cada um como solidariedade e apreço.

Essas reflexões assaltaram meu espírito enquanto caminhava nesta manhã de outono, junto ao lago onde as névoas do amanhecer se desvaneciam sob o calor do sol... Recordações, sonhos acalentados e ideais se mesclavam a uma necessidade imensa de compartilhar com alguém minhas inquietações, meus anseios... Mas nem sempre podemos dividir com ombros amigos o que nos pesa na alma... Assim, os pensamentos fluem e refluem em contato com a natureza amiga, diluindo aos poucos nossas dores, levando-nos a prosseguir com fé em Deus e serenidade íntima.

Aos poucos, ressoam em meu íntimo as palavras eternas de Jesus: "Vinde a mim todos vós que estais cansados e sobrecarregados e vos aliviarei... Não se turbe o vosso coração... A cada dia basta o seu mal!...".

Como é importante Jesus em nossas vidas! Como seria difícil viver sem o alento de suas palavras, sem a orientação que seus ensinamentos concedem às nossas vidas!...

Vidas ressequidas

Aos poucos nosso coração se aquieta, nossa mente busca a serenidade e o pensamento se eleva a Deus em preces de agradecimento e louvor pelos momentos de paz nesta Natureza simples que nos cerca, convidando-nos à gratidão.

Assim nos conscientizamos do valor da Doutrina Espírita como incentivo ao nosso crescimento espiritual consoante os ensinamentos da Mentora espiritual Joanna de Ângelis:

> Através da religião, o homem aprofunda reflexões e mergulha no seu inconsciente, fazendo que ressumem angústias e incertezas, animosidades e tormentos que podem ser enfrentados à luz da proposta da fé, e que são lentamente diluídos, portanto, eliminados, a serviço do bem-estar pessoal, que se instala lentamente, tornando-o cada vez mais livre e, portanto, mais feliz.[16]

Nossas vidas já não são mais ressequidas porque já possuímos a capacidade de *"conhecer, de compreender, de sentir e compartir emoções..."*.[17]

---

[16] FRANCO, Divaldo P. *Triunfo Pessoal*. Pelo Espírito Joanna de Ângelis. Salvador (BA): LEAL, 2002. P. 176.
[17] Id., Ib., p. 35.

11
A arte de envelhecer

É AINDA preconceituosa e inamistosa a maneira com que muitos analisam e consideram o envelhecimento físico, sem se darem conta, na maioria das vezes, que os que assim pensam e agem estarão fadados a essa experiência no ciclo da vida biológica, a não ser que morram prematuramente.

Nós mesmos, que procuramos tratar com naturalidade esta fase da vida, a qual já adentramos, nos vemos, em certas ocasiões, apreensivos com as limitações que a decadência física nos impõe.

Olhando-me no espelho, certa manhã, tentei recordar o meu rosto de outrora... Estranhei a aparência física que a realidade refletia; a princípio até perturbei-me um pouco, por não ver delineadas com precisão as linhas de contorno de minha face, nem a jovialidade e o brilho de outros tempos...

Pensei: *A cada dia estou envelhecendo um pouco mais... Percebi as marcas dos vincos que estão se*

Capítulo 11

acentuando, as minúsculas rugas na terminal dos olhos, os traços das preocupações redobradas, na parte superior do rosto... Notei que meus olhos já não têm tanto brilho e a percepção visual diminui a cada dia... Sei que já não ouço os sons com a nitidez e a precisão que muitos momentos requerem... Minha voz está ficando menos clara e a sua potencialidade decai, enquanto perde a musicalidade e o poder de expressar tudo o que penso e o que sinto... E meus cabelos? Notei que nem a ilusão da tintura consegue restituir a maciez de outrora, o brilho e a vitalidade...

Lembrei-me de um poema de Cecília Meireles que dizia: "Em que espelho ficou perdida a minha face?".[18]

Repeti seu pensamento:

"Em que espelho do tempo ela se perdeu?".

Mudamos muito, realmente. Mudamos tanto íntima, como exteriormente. O desgaste da vida, os problemas do cotidiano, as lutas, os deveres que se tornam presentes ante a responsabilidade da família, do trabalho, vão nos desgastando ao longo dos anos. Todavia, para nossa felicidade, sentimos que o desgaste maior é exterior, não afetando nosso mundo íntimo... Amadurecemos interiormente a cada ano.

---

[18] MEIRELES, Cecília. *Poesia Completa*. Edição do Centenário. Rio de Janeiro: Nova Fronteira, 2001. Vol. I. "Viagem". P. 232.

A arte de envelhecer

Interessante é observar que não nos sentimos tão envelhecidos assim, quando analisamos nossa idade mental e a comparamos com a idade física. A maioria das pessoas se sentem intimamente com menos idade.

Refletindo em torno do envelhecimento físico, busquei uma análise mais profunda acerca de meu estado interior. Percebi que o mais importante é como eu estou me sentindo; procurei inspecionar-me interiormente e na busca desse autoconhecimento através de uma avaliação sincera, constatei que existem muitas vantagens, muitos avanços e conquistas imperecíveis com relações à vida e ao meu próximo.

Percebi que ainda sou capaz de amar intensamente. Amo a vida, amo meus familiares, amo meus amigos, amo a Natureza e, sobretudo, amo a Deus... Esse amor imenso que sinto dentro de mim dá um novo colorido a tudo o que me cerca. Sei que essa capacidade de amar não é um privilégio. Todos nós podemos amar sempre, pois estamos imersos no imensurável Amor de Deus!...

Aprendi a perdoar. Não guardo o lixo mental das mágoas e dos ressentimentos porque isso faz mal ao meu ser e procuro esquecer o lado negativo das pessoas e das coisas...

Faço planos, sonho e tenho ideais que busco concretizar a cada momento de minha vida... Luto por esses ideais e pelos meus sonhos, mas sei que alguns são irrealizáveis, contudo não dispenso suas companhias, nem a ilusão com que eles enfeitam meus dias.

Não perdi o prazer de conversar, de viajar, de conhecer lugares e pessoas. Leio intensamente um bom livro e me sinto feliz com as histórias de outras vidas que se realizam no bem, as descrições de lugares tão belos que o autor imprime em sua obra. Admiro a arte dos que conseguem escrever sensibilizando seus leitores. Seja uma narrativa simples tocada de sensibilidade, ou a mais profunda reflexão filosófica...

Tenho procurado desenvolver em meu ser o sentimento da generosidade e o da gratidão. Poucas pessoas são agradecidas a Deus, à Natureza, à família, aos que lhe ajudaram ao longo vida. São tantas as dádivas recebidas que procuro recordá--las e agradeço a Deus evocando cada pessoa que foi importante em minha infância, na juventude e me ensinou a respeitar as Leis Divinas e a entendê--las. Geralmente, o coração humano torna-se generoso através do exercício da gratidão.

Olhando-me no espelho da vida, neste amanhecer, percorri os recantos mais íntimos de meu ser e concluí que sou feliz. Não a felicidade efêmera e fugaz da vida transitória, mas a que nos confere uma consciência em paz de quem está fazendo o possível para ser feliz e a de fazer feliz ao seu próximo.

Esta compreensão maior que a Doutrina Espírita nos dá em torno do real sentido da vida, no trato com os problemas do dia-a-dia, no enfrentamento das dificuldades e limitações que o envelhecimento físico proporciona, é luz a direcionar nossos passos rumo ao nosso destino maior, neste entardecer da vida.

A velhice deve ser considerada inevitável e ditosa pelo que encerra de gratificante, após as lutas cansativas das buscas e das realizações. É o resultado de como cada qual se comportou, de como foi construída pelos pensamentos e atitudes ou enriquecida de luzes e painéis com recordações ditosas ou infelizes. (...) Envelhecer é uma arte e uma ciência, que devem ser tomadas a sério, exercitando-as a cada instante, pois que, todo momento que passa conduz à senectude, caso não advenha a morte, que é a cessação dos fenômenos biológicos.[19]

Somente isto não podemos reverter...

---

[19] FRANCO, Divaldo P. *O despertar do Espírito*. Pelo Espírito Joanna de Ângelis. Salvador (BA): LEAL, 2000. P. 185.

12
Meu irmão, meu velho amigo

Deixe que eu oscule sua mão calejada e enrugada
Que ontem honrava os dias de minha mocidade no
[trabalho
Para que hoje eu pudesse estar perante a vida
[lutando
Encontrando as respostas que outrora você podia
[me oferecer...
Deixe que eu apóie minha cabeça em seu ombro
[amigo e encontre
Novamente o estímulo para prosseguir...
Deixe que eu busque em sua presença a diretriz
[segura
Para que o fracasso não destrua meus sonhos e
[minhas esperanças...

Capítulo 12

Deixe, velho amigo, que eu escute em suas
[palavras de fé
A lição de sabedoria de vida simples rumo aos
[caminhos
Que nos conduzem a Deus...
Permite, meu velho irmão experiente e generoso
[que minh'alma
Encontre em seus olhos a luz a guiar-me em
[direção da Luz, do Bem
Da Justiça e do Amor para que a pureza volte a
[iluminar minha vida
E possa eu amar a Deus como nos dias de minha
[infância...
Dê-me sua mão amiga e vamos caminhar juntos ao
[encontro do Sol,
Das Estrelas, do Infinito...
Não sabemos o que iremos encontrar no alvorecer
[desta vida
Quando transpormos o grande véu...
Estaremos apoiados um ao outro, fortes e
[completos:
– minha alegria e o ardor de meus sonhos...
– Sua experiência, sua prudência e seu coração
[manso e sereno...
Hoje eu posso apoiar-me em seu braço e dizer:
Obrigada por tudo.

Pelo exemplo, pela dignidade, pelo calor de seu
[afeto.
Amanhã serei também um ancião e terei orgulho
[e meu neto de mim
Se acercar como hoje eu o faço e dizer baixinho:
"Meu velho, meu irmão, eu preciso de você..."

1982 – Ano Internacional do Idoso.

Suaves recordações

> "Na gradação dos sentimentos humanos, a amizade sincera é bem o oásis de repouso para o caminheiro da vida, na sua jornada de aperfeiçoamento."
>
> (EMMANUEL, *O Consolador*. Q. 174.)

LUCY E eu.

Não é difícil falar de uma amizade que já ultrapassou não apenas quatro décadas da nossa atual existência terrena, mas que vem de muito mais longe, de um tempo sempre presente em nós.

São suaves recordações as desse instante.

Certa vez, em nossas conversas, Lucy relatou-me um fato que eu não sabia e nem poderia imaginar. Foi numa época em que só nos conhecíamos "de vista". Ela casou-se e, algum tempo depois, foi morar num prédio bem defronte a minha casa. Por meu lado eu estava de casamento marcado e ainda residia com meus pais e irmãs. Em nossa casa realizávamos semanalmente reuniões mediúnicas, tendo meu pai construído uma sala em nosso grande quintal, com entrada independente, exclusivamente dedicada a isso. Essas reuniões nos lares eram bastante comuns àquela altura, mas poucos anos depois o grupo desfez-se porque passou a participar das atividades do Centro Espírita Ivon Costa. Lucy relatou que logo teve conhecimento das nossas sessões, pois várias pessoas participavam e havia bastante movimento, mas embora tivesse vontade de se aproximar e freqüentar não teria condições, pois sua primeira filha estava com poucos dias, ela então olhava de longe, aguardando, pacientemente, o momento propício de retornar às atividades espíritas, das quais sempre participou, na infância e juventude.

Não me lembro se fomos apresentadas, creio que sempre nos conhecemos.

Na década de 1970, eu participava da Aliança Municipal Espírita de Juiz de Fora há alguns anos, quando foi criado o Departamento de Orientação Mediúnica – DOM –, fui convidada a ser a primeira diretora. Recordo-me que disse, ao aceitar o cargo, que minha providência inicial seria chamar a Lucy Dias Ramos para me ajudar na estruturação de tão importante área. E ela veio. Estamos juntas até os dias de hoje nesse trabalho.

Muitos foram os momentos de dificuldades que atravessamos nessas décadas; naqueles verdes anos muitas foram as lágrimas diante do assédio de desencarnados e encarnados que sempre surgem a nos pôr à prova; choramos e caminhamos mesmo assim, ela muito mais me reconfortando do que eu a ela. Num certo dia, longínquo, sentei-me nos degraus da escada da AME e chorei, ela veio e sentou-se ao meu lado – e só isto bastava. Logo a alegria e o entusiasmo venciam os percalços do caminho e prosseguíamos, sem esmorecer.

Em fevereiro de 1985, eu estava escrevendo o meu segundo livro, *Testemunhos de Chico Xavier*, livro este que exigiu-me grande concentração por se tratar de fragmentos de correspondência entre Chico Xavier e o ex-presidente da FEB, Wantuil de Freitas. Ao comentar os trechos das cartas do nosso inesquecível, Chico, eu precisava, entender as conexões dos assuntos, sem que tivesse acesso a eles e, como é óbvio, recorria aos benfeitores espirituais para que abrissem o meu entendimento e me inspirassem, o que de fato aconteceu, conforme posteriormente o próprio Chico, confirmou quando estivemos com ele, em sua casa, em Uberaba, para que lesse os originais do livro antes que os entregasse à FEB. Assim que soube da minha nova tarefa, a sempre querida amiga convidou-me a passar uns dias em sua fazenda, para que tivesse ali a ambiência e o sossego propícios à realização do trabalho. Rumei então para a fazenda, munida de todo o arsenal de papéis e livros para consulta que seriam necessários e, entre estes, levei também o livro de Emmanuel, *Pão Nosso*. Ali permaneci entre os dias 6 e 10 de fevereiro de 1985. Todas as manhãs, bem cedo, Lucy e eu fazíamos uma pequena reunião preparatória, este livro era aberto ao acaso e a mensagem lida e comentada antes de fazermos a prece. Eu tive o cuidado de escrever as datas em cada uma dessas páginas, colocando também a referência: "fazenda da Lucy". Por "coincidência", é exatamente este livro que estou lendo a cada manhã, quando o dia está nascendo, e tenho encontrado as datas assinaladas, o que me leva a retornar àqueles dias tão felizes e produtivos que me possibilitaram escrever capítulos importantes do livro citado, com a ajuda, é claro, das vibrações benfeitoras dessa grande amiga.

Lucy exterioriza calma e suavidade, e aqueles que a conhecem pouco não têm a noção do quanto de dinamismo e força, de determinação e perseverança estão ínsitos em sua personalidade; qualidades estas, que, aliadas à bondade e ao bom humor, a tornam uma pessoa realmente encantadora.

Na Casa Espírita, onde sempre trabalhou, Lucy teve e tem uma participação marcante. Quando da construção da atual sede, foi a presença decisiva para concretizar o projeto, tendo acionado todos os recursos para uma total renovação que se fazia imprescindível, abrangendo especialmente a parte doutrinária, a fim de que a instituição caminhasse com plena fidelidade aos princípios do Espiritismo, rumo ao futuro que se delineava promissor.

Como médium, dedica-se desde muito jovem às tarefas mediúnicas, com segurança e equilíbrio, atendendo aos que a procuram através de orientações sempre ricas de esclarecimento e consolo.

Nos anos mais recentes Lucy tem se dedicado a escrever. Ela conta que vai para a fazenda e ali, no silêncio e na paz da Natureza, é que escreve seus artigos, inspirados pelo local. Não sei se é porque essa inspiração resulta de um local tão sossegado, ela afirma isto, o que sei é que ela vai produzindo belos e profundos artigos que tanto têm contribuído para um melhor entendimento dos ensinamentos espíritas, e, afinal de contas, creio, sim, que são frutos de seus estudos e vivências, que ela modestamente atribui à beleza inspiradora da Natureza.

O tempo passou e somos felizes.

Criamos nossos filhos e agora nossos netos. Porém, de permeio, sempre a Doutrina Espírita norteou os nossos passos. Outros corações amigos se aproximaram e formamos hoje um grupo muito rico de amizade e entendimento.

Emmanuel nos ensina que "Nos trâmites da Terra, a amizade leal é a mais formosa modalidade do amor fraterno, que santifica os impulsos do coração nas lutas dolorosas e inquietantes da existência". Temos encontrado em nossa amizade a confirmação dessas palavras e ao escrever sobre essa querida amiga, vejo o quanto temos nos enriquecido, todos nós que temos o privilégio de conviver com ela, que tem repartido conosco os tesouros do seu coração nobre e belo.

SUELY CALDAS SCHUBERT

13
Convivências espirituais

ALLAN KARDEC, nos capítulos IX e X de *O Livro dos Espíritos*, através de inúmeras questões apresentadas aos Espíritos superiores, tece comentários em torno da intensa intervenção dos Espíritos em nossas vidas, em nossos pensamentos e atitudes.

Desde a mais sutil influência aos processos degenerativos das compulsões e das obsessões, os Espíritos estão a nos observar, a nos intuir, a nos intimidar, ora nos orientando beneficamente, outras vezes sugerindo condutas pouco recomendáveis e até mesmo nos coagindo a posicionamentos e idéias negativas ou positivas.

É verdade que temos o livre-arbítrio de seguir ou não tais sugestões, mas elas nos impulsionam ao bem, quando elevadas e equilibradas, como podem nos arrastar ao mal, quando de baixo teor vibratório.

Capítulo 13

Vivemos num mundo de ondas e vibrações.

Agimos e reagimos sob esses impulsos eletromagnéticos que nos chegam a todos os momentos. Aspiramos e expiramos fluidos advindos do Fluido Cósmico Universal que metabolizamos em nosso mundo íntimo, equilibrando-nos ou nos prejudicando sob influências malsãs. Como a condução e o direcionamento destes fluidos são regidos pela lei de afinidade, podemos dizer que "somos o que pensamos", uma vez que o pensamento é energia eletromagnética que direcionamos pelo impulso de nossa vontade e se reveste de boas ou más qualidades dependendo de nossa condição moral.

Na questão 459 de *O Livro dos Espíritos*, encontramos a assertiva de que os Espíritos influem nos nossos atos e pensamentos "Muito mais do que imaginais. Influem a tal ponto, que, de ordinário, são eles que vos dirigem".[20]

Analisando nossas vivências, nossas aspirações e ideais poderemos avaliar nossas companhias espirituais. Se a lei de afinidade moral regula este intercâmbio, poderemos neutralizar a influência negativa de determinados Espíritos, através de nossa conduta quando encarnados. É o que nos ensinam os Espíritos Superiores: "praticando o bem e pondo em Deus toda a vossa confiança, repelireis a influência dos Espíritos inferiores e ani-

---

[20] KARDEC, Allan. *O Livro dos Espíritos*. 74. ed. Rio de Janeiro: FEB, 1994.

quilareis o império que desejem ter sobre vós. (...) Desconfiai especialmente dos que vos exaltam o orgulho".[21]

Joanna de Ângelis nos diz que:

> Em verdade, o empenho pessoal começa no plano mental, prosseguindo nas tentativas que geram o hábito de realizá-lo, tornando-se parte integrante da própria natureza por fixação automática. (...) Não basta, portanto, anelar por esta ou aquela conquista. Torna-se imprescindível insistir e perseverar, de forma que a potência da idéia inusitada predomine sobre as que se encontram arquivadas comandando os acontecimentos.[22]

Assim, irá depender de nós mesmos aceitar ou não as sugestões mentais que incidem sobre nossa casa mental.

Inúmeras pessoas chegam às Casas Espíritas sob influências espirituais. Algumas mais acentuadas, outras incipientes, mas que incomodam e, ainda, aquelas que já demonstram transtornos mentais mais graves aliados a processos obsessivos, reclamando de atuações ostensivas de Espíritos, perturbando o núcleo familiar. Descrevem seus problemas, seu desequilíbrio emocional proveniente de "coisas estranhas" que ocorrem em sua casa, barulhos sem causa aparente, alterações

---

[21] Id., Ib.
[22] FRANCO, Divaldo P. *Autodescobrimento – Uma busca interior*. Pelo Espírito Joanna de Ângelis. Salvador (BA): LEAL, 1995. P. 47.

de comportamentos, pesadelos freqüentes, irritações sem motivo... Outras descrevem fenômenos mais acintosos de efeitos físicos perturbando a família em horas inoportunas. Em todos eles a influência espiritual se faz notar, mesmo nos casos de transtornos mentais, porque a assimilação de energias desequilibradas ocorre através da sintonia mental. O espírito enfermo, com pensamentos doentios e depressivos, atrai ondas espirituais semelhantes.

"Fora erro acreditar alguém que precisa ser médium para atrair os seres do mundo invisível." Allan Kardec disserta: "Eles povoam o espaço; temo-los incessantemente em torno de nós, (...) intervindo em nossas reuniões, seguindo-nos, ou evitando-nos conforme os atraímos ou repelimos".[23]

A nossa defesa contra a influência perniciosa de mentes desequilibradas e maléficas será sempre o amor que nos levará a agir com equilíbrio e com benevolência. A defesa espiritual de que necessitamos tem início em nós mesmos, em nosso mundo íntimo, irradiando em torno de nós fluidos harmônicos e saudáveis, criando um campo magnético favorável à ajuda dos benfeitores espirituais.

No capítulo das convivências espirituais, teremos, também, ao nosso lado, aqueles espíritos que comungam os mesmos ideais, que se associam a nós

---

[23] KARDEC, Allan. *O Livro dos Médiuns*. 72. ed. Rio de Janeiro: FEB, 2004. Item 232.

em obras edificantes, que nos inspiram nos momentos de dúvidas, que nos esclarecem ante problemas familiares, que nos confortam e apaziguam nossas mentes sempre que nos colocamos receptivos às influências espirituais superiores, através da meditação, da prece e, principalmente, do exercício da caridade, testemunhando a compreensão e a fé, com a aceitação dos desígnios de Deus.

Se os Espíritos podem nos influenciar, a opção, todavia, é nossa na escolha das companhias espirituais, segundo a lei de atração que nos une a todos os seres do Universo.

Finalizamos com as sábias palavras de Joanna de Ângelis que nos diz:

> Disciplinar e edificar o pensamento através da fixação da mente em idéias superiores da vida, do amor, da arte elevada, do bem, da imortalidade, constitui o objetivo moral da reencarnação, de modo que a plenitude, a felicidade seja a conquista a ser lograda. Pensar bem é fator de vida que propicia o desenvolvimento, a conquista da Vida.[24]

---

[24] FRANCO, Divaldo P. Op. cit. Pelo Espírito Joanna de Ângelis. P. 47.

14
Da necessidade de se educar a mediunidade...

NA "INTRODUÇÃO" de *O Livro dos Médiuns*, Allan Kardec ressalta a importância do estudo e do conhecimento das leis que regem as comunicações mediúnicas, quando nos diz: "Todos os dias a experiência nos traz a confirmação de que as dificuldades e os desenganos, com que muitos topam na prática do Espiritismo, se originam da ignorância dos princípios desta ciência (...)".[25]

Ao longo destes anos, tenho me dedicado ao estudo e ao trabalho na área da mediunidade. Acompanhei várias fases, desde o tempo em que éramos colocados nas reuniões mediúnicas sem o devido preparo, receosos, desconhecendo o que nos iria acontecer, até a fase mais atual, onde os candidatos ao desenvolvimento desta faculdade têm um preparo anterior, por meio de cursos onde recebem

---

[25]KARDEC, Allan. *O Livro dos Médiuns*. "Introdução".

Capítulo 14

instruções dos benfeitores espirituais escritas em obras importantes como as de Manoel Philomeno de Miranda, André Luiz, Vianna de Carvalho, Yvonne Pereira e principalmente de Allan Kardec, de forma didática e sem formalismos ou condicionamentos. Muitos autores ainda encarnados, como Hermínio de Miranda, Suely C. Schubert, Jorge Andréa, Martins Peralva e tantos outros com larga experiência na atividade mediúnica, têm contribuído para um melhor entendimento do mecanismo da comunicação e de todas as importantes atribuições da equipe que desenvolve tarefas num grupo mediúnico.

Tendo como base os ensinamentos de *O Livro dos Médiuns*, insuperável em sua lógica e argumentações de Allan Kardec em torno da ciência espírita, não devemos subestimar o valor do conhecimento prévio quando preparamos iniciantes para a nobre tarefa que é o exercício mediúnico.

Mas, infelizmente, ainda há os que contestam o procedimento dos que levam os médiuns a buscar o conhecimento e a educação de sua faculdade mediúnica, alegando que antigamente não era assim, que havia uma abertura maior e que todos eram atendidos prontamente, encaminhados às reuniões e logo estavam a receber espíritos e trabalhar na intermediação com o plano espiritual.

Esta argumentação não tem fundamento quando se analisam as dificuldades de outrora, dos sofrimentos e perturbações que muitos sentiam, quando levados, precipitadamente, a participar de um grupo mediúnico. Sem falar do trabalho que davam aos dirigentes e principalmente aos mentores espirituais para ajudá-los a seguirem equilibrados e confiantes nas tarefas propostas.

Se hoje temos cursos tão eficientes e meios mais racionais de conduzir o desenvolvimento da faculdade mediúnica, devemos usá-los com critério e bom senso, fazendo o encaminhamento dos que nos buscam nas casas espíritas, incentivando-os a integrar em outros trabalhos assistenciais, de estudo e divulgação, além de participar com regularidade dos cursos que a casa oferece.

Entretanto, devemos analisar os casos que nos chegam, individualmente, sem padronizar as normas a serem seguidas na orientação da mediunidade. Há os que chegam com sinais ostensivos de mediunidade, com sintomas que nos levam a considerar a necessidade de, além dos cursos a serem seguidos, fazer uma avaliação das vantagens de levar o candidato a participar, paralelamente, de uma reunião mediúnica.

Somente assim procedendo, estaremos realmente buscando o objetivo maior da orientação mediúnica, que é a formação criteriosa dos médiuns através do estudo e da conscientização de

Capítulo 14

seus deveres perante o amor e a caridade que deverão sempre nortear suas atividades como trabalhador espírita.

Sempre que vem à minha presença algum jovem com distúrbios que sinalizam necessidade de educar a mediunidade, recordo-me das dificuldades que senti, mesmo tendo nascido em lar espírita e com trabalho na área da evangelização e divulgação... Quando a mediunidade aflorou mais intensamente, causando-me receios infundados, insegurança, medo e desequilíbrios psíquicos, tive a felicidade de encontrar espíritas conscientes e fraternos, amigos sensatos que souberam conduzir minha faculdade sem que eu perdesse o estímulo ou encontrasse maiores perturbações com a prática mediúnica. Mas, desde cedo, procurei estudar, organizar grupos de estudos na Casa em que trabalhava e a maior beneficiada fui eu, pois adquiri maior experiência, mais discernimento e pude constatar nesta vivência como é importante o estudo prévio da mediunidade para um desenvolvimento mais equilibrado e educado, facilitando assim a sintonia, a melhor compreensão no trato com os desencarnados e a concentração nos objetivos nobres da ciência espírita.

Nas últimas décadas temos recebido mais amplas instruções dos benfeitores espirituais e de estudiosos espíritas, facilitando o entendimento das questões relacionadas com a prática mediúnica.

Isso tem nos ajudado muito, porque facilita o intercâmbio com o plano espiritual e nos dá maior convicção ao defrontar com casos e situações já analisadas nas obras específicas que falam das experiências mediúnicas.

Todos nós espíritas que trabalhamos na área da mediunidade devemos colocar o amor e o desenvolvimento moral de todos nós que integramos um grupo mediúnico acima de quaisquer normas ou procedimentos, mas sem descambar para a indisciplina, para o comodismo e a preguiça mental. É muito mais fácil fazer o bem sem método ou por conveniência pessoal, sem ligar às normas da casa espírita que nos acolhe, menosprezando as diretrizes dos mentores espirituais que trazem tantas mensagens esclarecedoras, do que ser fiel à advertência de Kardec que preconiza o estudo prévio antes de qualquer experiência no campo da mediunidade. E isso requer disciplina, humildade, devotamento e força de vontade para não cairmos nas ciladas dos espíritos que tentam solapar o trabalho dos que, realmente, procuram ajudar sem impor sua vontade pessoal em detrimento da causa maior que é o progresso moral da Humanidade. Somente assim, estaremos seguindo as diretrizes maiores que Allan Kardec nos deixou através do lema: TRABALHO, SOLIDARIEDADE E TOLERÂNCIA.

15
O médium ante os mecanismos da comunicação

DESDE OS primórdios da Codificação Espírita, Allan Kardec evidenciou em seus estudos e pesquisas, com base na fé raciocinada, que o Espiritismo era uma ciência experimental e deveríamos sempre tratar do intercâmbio com o plano espiritual, observando suas leis e as conseqüências morais dele advindas.

Considerando o aspecto científico da nova Doutrina, Kardec tece considerações, na introdução de *O Livro dos Médiuns*, afirmando que assim como na Química e na Física teremos que observar criteriosamente determinadas leis materiais, como a questão da temperatura, da pressão, da luminosidade, as condições dos elementos a combinar para se obter os resultados desejados; no trato com as

Capítulo 15

coisas espirituais, necessário se faz buscar as condições vibratórias suficientes, entender e orientar as leis que regem os mecanismos das comunicações entre os dois planos – material e espiritual.

Sabemos que existem três fatores básicos a se considerar na comunicação mediúnica: o Espírito, o Médium e o Meio. Todos estarão contribuindo para a obtenção de um fenômeno mediúnico, se forem observadas e seguidas as leis deste mecanismo e todos os componentes necessários para se obter a intermediação com o plano espiritual dentro dos objetivos propostos na elaboração do Espiritismo. Da harmonia e boa estruturação do meio, da afinidade entre o receptor e o Espírito, dos fins dados a este intercâmbio, teremos uma boa ou má comunicação. Há de se considerar esses três fatores como essenciais a uma boa comunicação quando observadas as leis e condições para realização do fenômeno.

A mediunidade funciona como um refletor das imagens da vida espiritual. Quanto melhor as condições do aparelho tanto mais fiéis as impressões transmitidas. O oposto igualmente ocorre, gerando distorções e imperfeições correspondentes. A fonte emissora projeta as vibrações com limpidez, que o médium capta e, conforme as suas capacidades moral, cultural e emocional, traduz.[26]

---

[26] FRANCO, Divaldo P. *Médiuns e mediunidades*. Pelo Espírito Vianna de Carvalho. Niterói (RJ): Editora Arte & Cultura Ltda, 1990. P. 41.

O médium sempre participa do fenômeno mediúnico e é importante o seu papel no desempenho dessa faculdade. Allan Kardec dedica o capítulo XIX, de *O Livro dos Médiuns*, ao estudo da participação do médium na comunicação.

Numa conceituação mais ampla Kardec diz: "Todo aquele que sente, num grau qualquer, a influência dos Espíritos, é por esse fato médium. Essa faculdade é inerente ao homem; não constitui, portanto, um privilégio exclusivo".[27] Mas irá fazer algumas ressalvas, complementando seu raciocínio: – na prática, a faculdade mediúnica é caracterizada quando evidencia fenômenos marcantes e bem definidos; estes fenômenos deverão ter continuidade e intensidade; tudo isto irá depender da organização do médium, de sua sensibilidade e inúmeros outros fatores morais, psicológicos e culturais.

Muitas pessoas confundem a influência espiritual atuando sobre o psiquismo do médium, causando sensações doentias, desagradáveis (quando de Espíritos inferiores) ou positivas (quando exercida por entidades amigas e protetoras), com a faculdade mediúnica, isto é, a atuação do Espírito não apenas no psiquismo do indivíduo, mas notadamente em seu perispírito envolvendo-o fluidicamente e possibilitando uma comunicação. Neste

---
[27] KARDEC, Allan. *O Livro dos Médiuns*. Cap. XIV, item 159.

Capítulo 15

caso temos a eclosão de um fenômeno mediúnico obedecendo as leis de sintonia mental e afinidade fluídica.

Os fenômenos mediúnicos são regidos por leis rígidas e que não se submetem aos caprichos e exigências dos participantes.

Vianna de Carvalho nos diz que "A organização neuropsíquica do médium aciona amplos equipamentos que se devem ajustar produzindo uma aura de harmonia, como efeito de vários fatores, assim favorecendo ao desencarnado os recursos para uma equilibrada comunicação".[28]

Jorge Andréa no livro *Nos alicerces do inconsciente* evidencia a importância do perispírito, do sistema neurovegetativo e da glândula pineal na comunicação mediúnica, colocando-os como a tríade do mecanismo mediúnico.

O perispírito do médium possibilitando o fenômeno através da sintonia mental, da afinização fluídica e vibratória. O sistema neurovegetativo funcionando como as antenas da mediunidade e a glândula pineal na aferição das vibrações energéticas.[29]

A participação do médium na comunicação é tão intensa que muitas vezes é confundida com animismo ou inversamente ocorre uma comuni-

---

[28] FRANCO, Divaldo P. Op. cit. Pelo Espírito Vianna de Carvalho. P. 43.
[29] SANTOS, Jorge Andréa. *Nos alicerces do inconsciente*. Rio de Janeiro: Caminho da Libertação, 1974. P. 137.

cação anímica supondo-se tratar do fenômeno mediúnico. Aliás, este é um dos escolhos da mediunidade, e uma das dificuldades para o médium iniciante e os componentes da reunião mediúnica. Há de se estudar e saber diferenciar as duas ocorrências. Kardec, já preocupado com esta possibilidade, pergunta aos Espíritos, na questão 2 do item 223, de *O Livro dos Médiuns* se *as comunicações escritas ou verbais podem provir do próprio Espírito do médium*. E obtém a resposta positiva porque havendo exteriorização perispitual, o Espírito do médium gozando de liberdade parcial, poderá também se comunicar, recomendando-nos *estudar e observar as circunstâncias, a linguagem e saberemos distinguir.*

Analisando as dificuldades no trato com o desenvolvimento da mediunidade sem o preparo adequado através do estudo, do entendimento das leis espirituais, sem o acompanhamento dos mais experientes e resguardados pela proteção que somente uma casa espírita poderá dar, ficamos apreensivos com o encaminhamento que as atividades no campo da mediunidade poderão tomar no futuro. Entretanto, sabendo que este campo de pesquisas está inserido numa Doutrina que não nos pertence e tão-somente aos Espíritos, confiamos que eles saberão orientar nossas atividades evitando maiores dissabores, colocando-o a serviço do amor e da caridade.

16

Reuniões mediúnicas: regularidade e disciplina

"(...) Na formação de grupos, deva exigir-se a perfeição? Seria simplesmente absurdo, pois seria querer o impossível e, neste ponto, ninguém poderia pretender dele fazer parte. Tendo por objetivo a melhoria dos homens, o Espiritismo não vem procurar os perfeitos, mas os que se esforçam em o ser, pondo em prática os ensinos dos Espíritos. O verdadeiro espírita não é o que alcançou a meta, mas o que seriamente quer atingi-la."
ALLAN KARDEC
(*Revista Espírita* – 1861. São Paulo: Edicel. P. 394, item 11.)

No capítulo XXIX de *O Livro dos Médiuns*, Allan Kardec trata especificamente das reuniões e Sociedades Espíritas, onde iremos encontrar normas adequadas de como devemos nos orientar como participantes de grupos mediúnicos.

Capítulo 16

Fala detalhadamente das diversas modalidades de reuniões, destacando a disciplina, o método, a homogeneidade e a regularidade como fatores essenciais ao bom funcionamento das reuniões espíritas.

No item 341, diz:

> A influência do meio é a conseqüência da natureza dos Espíritos e de seu modo de ação sobre os seres vivos. Dessa influência pode cada um deduzir, por si mesmo, as condições mais favoráveis para uma Sociedade que aspira a granjear a simpatia dos bons Espíritos e a só obter boas comunicações, afastando as más. Estas condições se contêm todas nas disposições morais dos assistentes; (...)[30]

A seguir Kardec descreve os pontos chaves para a harmonização de um grupo mediúnico, já bastante conhecidos pelos estudiosos da Doutrina Espírita, principalmente dos que atuam no campo da mediunidade. Se cumpridas estas determinações conseguiríamos ter uma "reunião ideal", dentro dos preceitos da Codificação Espírita. Mas iremos comentar dois pontos fundamentais: "a regularidade e a disciplina".

Muitas obras espíritas que tratam desse assunto, principalmente as mediúnicas, recebidas através de Chico Xavier e Divaldo P. Franco, fornecem subsídios valiosos no encaminhamento dos proble-

---

[30] KARDEC, Allan. *O Livro dos Médiuns.* 72. ed. Rio de Janeiro: FEB, 2004.

mas e diretrizes para um trabalho sério e disciplinado nesta área. Contudo, alguns participantes e dirigentes de reuniões mediúnicas argumentam que Allan Kardec não obedecia, rigorosamente, horários e mencionam o item 333 do capítulo anteriormente citado para justificar o não-cumprimento de normas nas referidas reuniões.

Kardec diz, neste item:

> Acrescentemos, todavia, que, se bem que os Espíritos prefiram a regularidade, os de ordem verdadeiramente superiores não se mostram meticulosos a esse extremo. A exigência de pontualidade rigorosa é sinal de inferioridade, como tudo o que seja pueril. Mesmo fora das horas predeterminadas, podem eles, sem dúvida, comparecer e se apresentam de boa vontade, se é útil o fim objetivado. Nada, porém, mais prejudicial às boas comunicações do que os chamar a torto e a direito, (...).[31]

Allan Kardec usava o método de evocação dos Espíritos para fins de estudo e pesquisa. As reuniões daquela época, dirigidas pelo Codificador, tinham características diversas das de nossos dias, que são programadas e regulares com finalidade de socorro espiritual, desobsessão e atendimento aos enfermos da alma. Não que Kardec deixasse de socorrer as entidades que se comunicavam nas reuniões, mas elas divergiam das que existem atual-

---

[31] Id., Ib., item 333, 3º parágrafo.

mente porque o objetivo era, principalmente, o estudo dos fenômenos através das comunicações psicográficas e isso está bem definido no artigo 1º do Regulamento apresentado no cap. XXX de *O Livro dos Médiuns*.

"A exigência de uma regularidade rigorosa é um sinal de inferioridade (...)."[32] Certamente é uma referência ao atendimento à evocação de determinado Espírito que exigisse pontualidade ao evocá-lo, o que Kardec considerava um gesto pueril e desnecessário. Muito diferente de nosso objetivo atual, que recomenda horários e dias preestabelecidos para os trabalhos mediúnicos. Vários fatores nos levam a agir desta maneira e com bons resultados.

Neste mesmo capítulo, Kardec enfatiza:

(...) Em todas [as reuniões], sempre estão presentes Espíritos a que poderíamos chamar *freqüentadores habituais* (...); são, ou Espíritos protetores, ou os que mais assiduamente se vêem interrogados. Ninguém suponha que esses Espíritos nada mais tenham que fazer, senão ouvir o que lhes queiramos dizer, ou perguntar. Eles têm suas ocupações (...). Quando as reuniões se efetuam em dias e horas certos, eles se preparam antecipadamente a comparecer e é raro faltarem.[33]

Podemos concluir que para se obter regularidade nas reuniões sérias e contar com uma boa

---

[32] Id., Ib.

[33] Id., Ib., item 333, 1º e 2º parágrafos.

assistência espiritual, é necessário que dirigentes e médiuns sejam disciplinados e metódicos em suas atuações. Nunca esquecendo que a reunião mediúnica tem uma programação feita nos dois planos: material e espiritual e eles se integram quando os objetivos são superiores e todos os participantes demonstram seriedade, amor e disciplina.

Há inúmeros inconvenientes para que uma reunião se prolongue além do horário preestabelecido:

- Condições pouco favoráveis à concentração;
- Cansaço e preocupação dos participantes com relação ao horário;
- Falta de disciplina e educação mediúnica, não permitindo que o dirigente consiga terminar no horário previsto;
- Falta de energia, de liderança e discernimento do dirigente;
- Facilidade em propiciar e difundir comunicações anímicas e mistificadoras já que o grupo indisciplinado não oferece segurança aos participantes, nem comunhão de pensamentos, já que se uns gostam de alongar o horário, outros se aborrecem criando problemas de afinização e homogeneidade;
- Os Espíritos protetores das reuniões precisam de nossa colaboração mantendo horários regulares. Eles têm suas ocupações e deveres.

Capítulo 16

Não somos os únicos a quem eles atendem e auxiliam nas tarefas mediúnicas.

Assim, seria errôneo afirmar que o mentor ou guia espiritual da reunião se afastará do grupo, toda vez que, eventualmente, houver um atraso de alguns minutos... Todavia a lógica, o discernimento, nos aconselham prudência, porque os Espíritos secundam nossas intenções.

Quando Allan Kardec fala, no item 341 de *O Livro dos Médiuns*, que "a influência do meio é a conseqüência da natureza dos Espíritos e do modo por que atuam sobre os seres vivos", fica bem claro que deduzir em quais condições obteremos resultados mais favoráveis em nossas reuniões mediúnicas.

A experiência nos tem mostrado que desde que o grupo se eduque e se harmonize com as normas estabelecidas, não haverá dificuldades em manter horários preestabelecidos. Todo o tempo da reunião é bem aproveitado, as comunicações se sucedem sob a direção segura dos dois dirigentes – do encarnado e do espiritual – conseguindo-se finalizar os trabalhos no horário previsto. A avaliação é feita sem pressa, com a participação de todos, em que se realizam trocas de experiências e esclarecimentos necessários.

Seguindo as diretrizes de Allan Kardec teremos reuniões mais harmônicas e homogêneas, portanto mais produtivas.

17
A equipe mediúnica e a escassez de médiuns

> "A experiência prova diariamente que não basta possuir a faculdade mediúnica para obter boas comunicações. É preferível, privar-se de um instrumento do que o ter defeituoso."
>
> ALLAN KARDEC
> (*Revista Espírita*, fevereiro de 1861. "Escassez de médiuns." Rio de Janeiro: FEB.)

NA ÉPOCA da Codificação, Allan Kardec foi abordado por alguns leitores, que após o estudo de *O Livro dos Médiuns*, desejavam organizar grupos espíritas para o exercício da mediunidade. Na *Revista Espírita*, ano 1861, sob o título "Escassez de médiuns", fala das dificuldades em se obter bons médiuns para organização das reuniões mediúnicas.

O problema naquele tempo era agravado por inúmeras dificuldades, hoje quase totalmente sanadas, contudo de suas orientações poderemos

Capítulo 17

obter ótimos subsídios para nossas reuniões mediúnicas atuais.

Ontem, como hoje, existem os principiantes, aqueles que se dispõem a organizar novos grupos mediúnicos ou os que se vêem às voltas com a falta de elementos para prosseguir com os trabalhos iniciados anteriormente e que, por motivos diversos, lutam com dificuldades com relação ao número de médiuns psicofônicos.

Vamos analisar o que diz o Codificador no referido artigo da *Revista Espírita*:

> Um médium, sobretudo um bom médium, é incontestavelmente um dos elementos essenciais de toda assembléia que se ocupa do Espiritismo; mas seria erro pensar que, em sua falta, nada mais resta que cruzar os braços ou suspender a sessão.[34]

Com esta advertência ele inicia os comentários que ora abordamos.

É bom recordarmos que no início das experimentações mediúnicas Kardec e seus seguidores usavam o método das evocações de espíritos familiares e instrutores para fins específicos de estudo, na organização das obras que viriam a constituir a Codificação Espírita. Além disto, as reuniões mediúnicas não estavam estruturadas como as de nossos dias, com o respaldo das experiências de tantos

---

[34] Kardec, Allan. *Revista Espírita*, fevereiro de 1861, "Escassez de médiuns". Rio de Janeiro: FEB.

abnegados trabalhadores das primeiras décadas e uma farta literatura sobre o assunto, orientando aqueles que se propõem a trabalhar no campo da mediunidade. Podemos contar, ainda, com os grupos de estudo (Coem, Progem, Projeto Manoel P. de Miranda, Estudo da Mediunidade da FEB e tantos outros) facilitando as instruções e preparo dos que irão ingressar no labor mediúnico.

Mesmo assim, encontramos algumas dificuldades com relação aos participantes das reuniões mediúnicas, sempre inerentes às condições espirituais e escassez de médiuns que, realmente, possam compor um grupo harmônico e homogêneo, de acordo com as instruções doutrinárias.

Allan Kardec ressalta a necessidade do estudo prévio, além da experimentação quando diz não compartilhar da opinião dos que comparam uma sessão espírita sem médiuns a uma orquestra sem músicos e achava mais justa a comparação de instituições científicas que buscavam além do material da experimentação, outros objetivos. E conclui: "(...) numa reunião espírita vamos, ou pelo menos, deveríamos ir, para nos instruirmos".[35]

Hoje já compreendemos a importância do estudo no desenvolvimento da mediunidade e nos trabalhos a serem realizados pelos grupos mediúnicos.

---

[35] Id., Ib.

Capítulo 17

Kardec comenta que "(...) se os médiuns são comuns, os bons médiuns, na verdadeira acepção da palavra, são raros". E prossegue: "(...) os melhores médiuns estão sujeitos a intermitências mais ou menos longas, durante as quais há suspensão parcial ou total da faculdade mediúnica, sem falar das numerosas causas acidentais que podem privar-nos momentaneamente de seu concurso".[36]

O problema da escassez de médiuns, ou falta de elementos suficientes para o trabalho mediúnico, ainda persiste em nossos dias, muito mais pelas citadas "causas acidentais" do que por suspensão da faculdade. É fácil comprovar nosso comentário ao analisarmos que o problema da assiduidade é um dos mais graves a ser solucionado pelo dirigente de um grupo mediúnico. Isto irá requerer do dirigente muita prudência, paciência, energia e discernimento para analisar os motivos reais da ausência do médium e como solucionar este problema.

Todas as reuniões apresentam, através das comunicações, farto material de estudo e observação, tanto nas de caráter socorrista, onde os exemplos vivos e os testemunhos nos apontam erros e advertem nossa consciência quanto à nossa conduta moral e responsabilidade, ou nas instrutivas, que nos trazem orientações valiosas, induzindo-nos à reforma íntima e às tarefas redentoras.

---

[36] Id., Ib.

Recordando que nas reuniões citadas por Allan Kardec no referido artigo da *Revista Espírita*, o método usual para o intercâmbio mediúnico era a psicografia, analisemos suas ponderações, quando a escassez de médiuns chegar ao ponto de impedir as comunicações:

Na ausência de médiuns, a reunião que se propõe algo mais que ver manejar um lápis, tem mil e um meios de empregar o tempo de maneira proveitosa (...):

1º – Reler e comentar as antigas comunicações, cujo estudo aprofundado fará com que seu valor seja mais bem apreciado.

(...)

2º – Contar fatos de que se tem conhecimento, discuti-los, comentá-los, explicá-los pelas leis da ciência espírita; examinar-lhes a possibilidade ou a impossibilidade; ver o que têm de plausível ou de exagero; destinguir a parte da imaginação e da superstição, etc.

3º – Ler, comentar e desenvolver cada artigo de O *Livro dos Espíritos* e de *O Livro dos Médiuns*, bem como todas as outras obras sobre o Espiritismo.

(...)

4º – Discutir os diferentes sistemas sobre interpretação dos fenômenos espíritas".[37]

---

[37] Id., Ib.

Capítulo 17

Transcrevemos as indicações acima, que Kardec recomendou aos espíritas do século retrasado e muitos poderão argumentar que alguns itens já são realizados nos grupos de estudo e palestras doutrinárias, todavia, se hoje temos um vasto material de pesquisa e muitas apostilas e livros orientando-nos, o problema continua e é muito bom repensar nossas dificuldades e reciclar nossas reuniões mediúnicas sempre que nos depararmos com problemas por falta de médiuns ou esclarecedores bem adestrados para o cumprimento da tarefa. Analisar as causas e os fatores que dificultem nosso trabalho. Quais são, realmente, nossas dificuldades e como saná-las. Onde obter ajuda e como melhorar o rendimento de nossas reuniões.

Não devemos desanimar e sim prosseguir com fé e amor em nossos bons propósitos nesta tarefa abençoada. Mesmo com poucos médiuns ou mesmo sem o número ideal para o trabalho mediúnico, notaremos que se persistirmos no estudo com método e disciplina, logo surgirão bons médiuns aptos ao trabalho com serenidade e amor para que possamos cumprir, fielmente, as finalidades básicas que são as instruções dos espíritos e a caridade aos que sofrem e carecem de ajuda e orientação.

Escassez de médiuns? Poucos participantes na reunião? Não interrompa suas atividades. Prossiga e em breve tempo novos adeptos surgirão com boa vontade e amor para ajudar o grupo no desempenho de suas tarefas. A experiência nos tem demonstrado que o importante é perseverar estudando e trabalhando com assiduidade e amor.

18
Mediunidade em crianças

A MEDIUNIDADE na infância tem sido objeto de muitos estudos de tratamentos espirituais nas casas espíritas pela alta incidência de fatos e pais que buscam ajuda para seus filhos, quando eles se apresentam com distúrbios orgânicos e emocionais.

São vários os graus de cometimentos que surgem afligindo as crianças e seus responsáveis, com conotações diversas que vão desde a simples influência espiritual até a obsessão com graves conseqüências para todos os envolvidos.

Na criança, a mediunidade surge, às vezes, de forma mais dolorosa, porque sua estrutura psíquica é mais delicada, sofrendo danos mais intensos quando está sob a influência de Espíritos inferiores.

A mediunidade, despontando espontânea ou ostensivamente, causa alguns distúrbios à mente infantil se não for bem conduzida e entendida pelos que a cercam. De início, podemos dizer que,

Capítulo 18

embora algumas pessoas a considerem um privilégio ou santidade para seus portadores, outros a julgam, apenas, conseqüência de entidades perversas que desejam prejudicar a criança e atormentar seus familiares. Não podemos agir de forma tão simplista, já que temos o conhecimento espírita e a responsabilidade do apoio e ajuda aos que nos procuram em busca de aconselhamento ou orientação.

Crianças com problemas comportamentais mais graves, agressivas, com sintomas de influências estranhas, com pavores noturnos, medo sem motivo plausível, tentativas de suicídio e autoflagelação, são casos freqüentes que teremos de atender dentro das reais possibilidades que os recursos espíritas nos concedem, não esquecendo nunca do encaminhamento às terapias médicas e psicológicas adequadas, tão importantes para a minimização dos sintomas.

Entretanto, há de se recordar que nem todas as crianças com sinais de mediunidade estão incursas em patologias que afetem seu psiquismo e sua organização física, impedindo-as de ter uma vida normal.

Algumas vezes surge de forma espontânea e sem causar problemas, com acentuada percepção espiritual, denotando um grau bem elevado até os 7 anos e depois regredindo, para eclodir tão-somente na idade adulta.

De outras vezes, apresenta sintomas graves de obsessões ou enfermidades físicas de difícil tratamento, com agravantes espirituais.

A mediunidade, por ser inerente ao homem, não é fato atual – tem se manifestado em crianças através de todos os tempos...

Recordando o Evangelho de Jesus, encontramos em *Mateus*, 17:14 a 18, a narrativa do pai aflito que se ajoelhando aos pés de Jesus, suplicava a cura de seu filho, ainda criança, sob o jugo de cruel obsessão. E Jesus libertou-o, recriminando, logo após, seus discípulos que não conseguiram expulsar o "demônio", que segundo Jesus somente obedeceria aos que se dedicassem com denodo ao jejum e à oração constantes.

Um caso muito interessante encontramos no livro *No mundo maior* de André Luiz, psicografia de Chico Xavier, cap. 7, de um menino muito doente, cercado por duas entidades infelizes:

> É paralítico de nascença, primogênito de um casal aparentemente feliz, e, conta oito anos na nova existência; (...) não fala, não anda, não chega a sentar-se, vê muito mal, quase nada ouve da esfera humana (...). Viveu nas regiões inferiores, apartado da carne, inomináveis suplícios. Inúmeras vítimas já lhe perdoaram os crimes; muitas, contudo, seguiram-no, obstinadas, anos afora...

Após inomináveis suplícios pôde retornar à Terra onde, ainda se vê perseguido por dois inimigos do passado, vítimas de seus crimes quando semeara ódios e ruínas. Segundo a narrativa de André Luiz e Calderaro, essas duas vítimas que ainda o perseguiam, retornariam em seu próprio lar, para a redenção de suas almas. Mas o menino viria a desencarnar tão logo completasse seu resgate e a cura da lesão da alma atormentada.

Com a Codificação Espírita, usando dos recursos que o conhecimento da mediunidade nos confere, entendemos com mais facilidade os processos obsessivos em crianças. Os relatos que a literatura espírita nos apresenta, os casos que vamos anotando no atendimento nas casas espíritas, dão-nos condições de verificar que nem sempre os sintomas de mediunidade em crianças têm conotações obsessivas ou de enfermidades físicas. Nos primeiros trabalhos de intermediação com o plano espiritual, Kardec utilizou médiuns, ainda meninas, para executar a grandiosa obra que hoje constitui o Pentateuco Espírita. Nos Estados Unidos da América, foram duas meninas, as irmãs Fox, que em 1848 receberam a primeira mensagem espírita através da tiptologia. No Brasil, desde os 5 anos de idade, Chico Xavier já se comunicava com sua mãe desencarnada, e Divaldo P. Franco, quando criança, via um índio que denominava Jaguaruçu (onça grande), com ele brincando e ouvindo suas histórias...

Assim, não devemos nos perturbar ou alarmar ante os relatos ou notícias de crianças portadoras de mediunidade... É nosso dever ajudá-las, agindo com naturalidade, sem, contudo, induzi-las a um desenvolvimento precoce e nem supor que, pelo fato de serem médiuns naturais terão no futuro missões grandiosas, mas tão-somente tarefas abençoadas no campo da mediunidade com Jesus...

Consoante o pensamento da mentora espiritual Joanna de Ângelis, podemos dizer que a mediunidade não é sintoma de evolução e, muitas vezes, se apresenta com a finalidade específica de convidar a criatura ao reajuste moral perante os códigos da Lei Divina. "A mediunidade, para ser dignificada, necessita das luzes da consciência enobrecida."[38]

A mediunidade poderá ter características provacionais – com dores e aflições. Outras vezes, poderá se apresentar como expiação, quando há comprometimento com o mal nas vidas pretéritas, sendo valioso instrumento de resgate dos débitos adquiridos. Raramente surgem os missionários... Nestes, a ética e a idoneidade moral conduzem o labor mediúnico, com relevantes serviços prestados ao próximo.

Na mediunidade espontânea, sem distúrbios emocionais que levem a criança a sofrer o assédio de Espíritos que a perturbem, o melhor procedimento é não dar excessiva importância, tratar o

---

[38] FRANCO, Divaldo P. *Momentos de consciência*. 2. ed. Salvador (BA): LEAL, 1991. Cap. 19, p. 120.

Capítulo 18

assunto com naturalidade, conversando e explicando, segundo a ótica espírita, o que está acontecendo. A fluidoterapia ajudará a bloquear os sintomas, se necessário, e manter a mente infantil mais serena.

Quando a mediunidade surge de forma ostensiva, causando danos no seu psiquismo, com sintomas de inquietação, enfermidades não diagnosticadas, choro aflito ou nervoso sem causa aparente, irritação e agressividade, pavores noturnos, depressão, autoflagelação e tentativa de suicídio, certamente há de se providenciar com a maior urgência possível o tratamento adequado. Quase sempre estes sintomas denotam um processo obsessivo com gradações variáveis, tendo como causas as lembranças de outras vidas, recordações de tormentos que sofreram ou fizeram sofrer no plano espiritual, perseguição de espíritos que foram seus desafetos ou comparsas de erros no passado.

Neste contexto, deveremos registrar a bênção da reencarnação como oportunidade de resgate e redenção espiritual para estes Espíritos.

A terapia espírita apresenta ótimos resultados.

Segundo instruções dos benfeitores espirituais, o passe, a água fluidificada a evangelização da criança, a orientação aos pais, o culto do Evangelho no lar, a atenção e o desvelo dos responsáveis, o amor e a paciência, são recursos valiosos que deverão ser indicados sempre. O tratamento dos processos obsessivos é feito paralelamente às indicações citadas, com o encaminhamento dos nomes às reuniões mediúnicas específicas.

Não podemos deixar de orientar os pais sobre a importância do apoio psicológico e do tratamento psiquiátrico, nos casos em que se façam necessárias as terapias destes profissionais e, se possível, que sejam espíritas para se inteirarem do processo obsessivo (se for o caso) e do que já se está realizando no centro espírita em favor da criança.

Os resultados são promissores e, na maioria dos casos, a criança retorna ao seu estado normal. Algumas apresentam melhoras sensíveis ao longo do tratamento, sem, contudo, obter a cura definitiva.

Finalizando, transcrevo o pensamento de Allan Kardec, em torno da necessidade ou não de se desenvolver, precocemente, a mediunidade.

Em *O Livro dos Médiuns*, cap. XVIII, questão 221, itens 6 e 7, ele indaga:

Haverá inconveniente em desenvolver-se a mediunidade nas crianças?

R. Certamente e sustento mesmo que é muito perigoso; pois que esses organismos débeis e delicados sofreriam por essa forma grandes abalos, e as respectivas imaginações excessiva sobreexcitação. Assim, os pais prudentes devem afastá-las dessas idéias, ou, quando nada, não lhes falar do assunto, senão do ponto de vista das conseqüências morais.

Há, no entanto, crianças que são médiuns naturalmente, quer de efeitos físicos, quer de escrita ou de visões. Apresenta isto o mesmo inconveniente?

R. Não; quando numa criança a faculdade se mostra espontânea, é que está na sua natureza e que a sua constituição se presta a isso. O mesmo não acontece, quando é provocada e sobreexcitada. Nota que a criança, que tem visões, geralmente não se impressiona com estas, que lhe parecem coisa naturalíssima, a que dá muito pouca atenção e quase sempre esquece. Mais tarde, o fato lhe volta à memória e ela o explica facilmente, se conhece o Espiritismo.[39]

Aconselha-nos o bom senso: aguardar o tempo adequado e o amadurecimento físico e mental da criança.

---

[39] KARDEC, Allan. *O Livro dos Médiuns*. 72. ed. Rio de Janeiro: FEB, 2004.

19
Mediunidade torturada

RELATAM-NOS ESCRITOS históricos da Índia legendária, através dos ensinamentos contidos no livro sagrado *Vedas*, que "(...) Os espíritos dos antepassados, no estado invisível, acompanham certos brâmanes, convidados para as cerimônias em comemoração dos mortos, sob uma forma aérea; seguem-nos e tomam lugar ao seu lado, quando eles se assentam".[40]

"Desde tempos imemoriais, o povo da China entrega-se à evocação dos Espíritos dos avoengos."[41]

As mesmas narrativas são encontradas entre os egípcios, na Grécia e na Roma antiga, quando as visitas aos templos, a procura das sibilas, pitonisas e sacerdotes, eram freqüentes a indagação ou o diálogo entre os vivos e os chamados "mortos".

---

[40] DELANNE, Gabriel. *O fenômeno espírita*. 7. ed. Rio de Janeiro: FEB, 1998. Primeira parte, cap. "Antigüidade".
[41] Id., Ib.

Capítulo 19

O Novo Testamento contém descrições extraordinárias dos feitos de Jesus e dos apóstolos, curando possessos, portadores de doenças mentais causadas por Espíritos inferiores.

A sobrevivência da alma, a possibilidade do intercâmbio com o plano material e a influência dos Espíritos na vida dos homens, são evidenciadas em inúmeros relatos através dos tempos.

Uma de suas manifestações mais dolorosas é verificada na mediunidade torturada, causando distúrbios na mente com gradações variadas e de difícil erradicação.

Chamada de flagelo perturbador, a obsessão pode ser detectada desde a mais sutil influência espiritual, simples e comum, até as fascinações e possessões de caráter mais grave.

Esta influência negativa dos desencarnados é possível em conseqüência da condição moral dos habitantes da Terra. Somos, ainda, em grande maioria, Espíritos imperfeitos, tanto encarnados como desencarnados, que se vinculam e se afinizam, atraindo-se mutuamente em conúbios infelizes, manifestando desequilíbrios da mente, influências negativas e doentias, complexos casos de vampirismo e obsessões com variados graus de intensidade.

Daí, enfatizarmos como é importante o estudo da mediunidade, o conhecimento mais profundo das causas dos transtornos mentais e a análise, sem preconceito, das influências espirituais manifestadas no assédio espiritual e nas obsessões, possibilitando uma ajuda real aos que sofrem estas patologias. Neste sentido, o Espiritismo pode contribuir de forma positiva ao lado dos tratamentos psiquiátricos modernos.

Quando falamos da mediunidade torturada que se apresenta com distúrbios catalogados, muitas vezes, por doenças mentais, priorizamos a terapia espírita como alternativa, complementando os tratamentos desenvolvidos pelos médicos. Inúmeros casos de doentes mentais encontram-se sob influência espiritual negativa, complicando os sintomas e mascarando muitos diagnósticos.

A Doutrina Espírita oferece recursos para uma terapia espiritual, sem excluir, contudo, a necessidade do tratamento psiquiátrico.

Recordamos do eminente psiquiatra espírita, Dr. Inácio Ferreira, que durante várias décadas foi pioneiro no tratamento das doenças mentais utilizando técnicas de desobsessão ensinadas por Allan Kardec, em *O Livro dos Médiuns*, associadas ao tratamento médico tradicional. Este médico escreveu um livro chamado *Novos rumos da Medicina*, no qual relata que "os médicos precisam desviar um pouco de suas investigações da matéria, lançando-se ao estudo e às experimentações no campo espiritual". Afirma que 70% dos pacientes portadores de doenças mentais são acometidos de influências e atuações psíquicas de Espíritos desencarnados.

Capítulo 19

No final do século retrasado, outro renomado médico já havia chegado à mesma conclusão, chamando a atenção dos colegas para a necessidade de uma nova classificação das doenças mentais. Foi o Dr. Bezerra de Menezes que deixou uma obra de grande valor para o estudo das obsessões, denominada *A loucura sob novo prisma*.

Cabe aos profissionais espíritas que trabalham na área de saúde, principalmente os psiquiatras, usarem estes recursos, lembrando sempre que é muito importante a prevenção das influências espirituais perturbadoras, buscando a moralização íntima através da vivência dos ensinos de Jesus.

A humanização do tratamento psiquiátrico, a partir do conceituado médico francês Philippe Pinel, tem trazido melhoras surpreendentes à área da Psiquiatria. Cuidados especiais visando à recuperação, readaptação do enfermo, com vistas ao núcleo familiar, aproveitamento das aptidões latentes como fator de laborterapia, são recursos que revertem situações, evitando o abandono e a segregação.

Sabemos como é importante manter o vínculo familiar, objetivando um possível retorno do paciente ao lar e alimentando seu espírito de novas perspectivas de vida, através das terapias medicamentosas e do apoio fraterno, indispensável à sua reabilitação.

20
Mistificações

"*É incontestável que, submetendo-se ao crivo da razão, e da lógica, todos os dados e todas as comunicações, dos Espíritos, fácil se torna rejeitar a absurdidade e o erro.*"

ALLAN KARDEC (*O Evangelho segundo o Espiritismo*. Cap. XXI, item 10.)

NA *REVISTA Espírita*, de agosto de 1863, "Questões e problemas: *Mistificações*", Allan Kardec esclarece a um leitor que lhe apresenta um problema de mistificação com sua filha, que ele classifica "um bom médium", vítima do engodo dos Espíritos e indaga: "Por que, então, permite Deus que os bem-intencionados sejam assim enganados por aqueles que os deveriam esclarecer?...". E Allan Kardec tece comentários, enfatizando nossa condição espiritual, nossas imperfeições morais como causas determinantes do assédio destes Espíritos, infiltrados nas reuniões mediúnicas sérias, tentando enfocar temas conflitantes, enganando, ludibriando, levantando suspeitas entre seus membros.

Capítulo 20

Recomenda-nos vigilância, paciência e esforço contínuo no bem para preservar-nos dos assaltos dos maus espíritos. Assim se expressa:

> (...) as mistificações só podem provir dos Espíritos levianos ou mentirosos, que abusam da credulidade e, muitas vezes, exploram o orgulho, a vaidade ou outras paixões. Tais mistificações têm o objetivo de pôr à prova a perseverança, a firmeza na fé e exercitar o julgamento. Se os bons Espíritos as permitem em certas ocasiões, não é por impotência de sua parte, mas para nos deixar o mérito da luta.[42]

Em *O Livro dos Médiuns*, cap. XXVII, Allan Kardec trata das contradições e mistificações e no item 303, questão 1, indaga:

> As mistificações constituem um dos escolhos mais desagradáveis do Espiritismo prático. Haverá meio de nos preservarmos delas?
>
> (...) Certamente que há para isso um meio simples: o de não pedirdes ao Espiritismo senão o que ele vos possa dar. Seu fim é o melhoramento moral da Humanidade; se vos não afastardes desse objetivo, jamais sereis enganados, porquanto não há duas maneiras de se compreender a verdadeira moral, a que todo homem de bom senso pode admitir.[43]

E na questão 2: "Por que permite Deus que pessoas sinceras e que aceitam o Espiritismo de boa fé

---

[42] Id. *Revista Espírita*, agosto de 1863. "Questões e problemas: *Mistificações*."
[43] Id. *O Livro dos Médiuns*. 72. ed. Rio de Janeiro: FEB, 1981.

sejam mistificadas? Não poderia isto ter o inconveniente de lhes abalar a crença?". E obtém a seguinte resposta:

> Se isso lhes abalasse a crença, é que não tinham muito sólida a fé; os que renunciassem ao Espiritismo por um simples desapontamento, provariam não o haverem compreendido e não lhe terem atentado na parte séria. Deus permite as mistificações para experimentar a perseverança dos verdadeiros adeptos e punir os que do Espiritismo fazem objeto de divertimento.[44]

As respostas acima foram dadas pelo Espírito de Verdade e Allan Kardec faz a seguinte observação no final do capítulo XXVII:

> A astúcia dos Espíritos mistificadores ultrapassa às vezes tudo o que se possa imaginar. A arte, com que dispõem as suas baterias e combinam os meios de persuadir, seria uma coisa curiosa, se eles nunca passassem dos simples gracejos; porém, as mistificações podem ter conseqüências desagradáveis para os que não se achem em guarda.[45]

Vários autores espíritas fazem referência às mistificações como um dos sérios problemas das reuniões mediúnicas. Alguns relatam os perigos e inconvenientes que experimentam os que usam da faculdade mediúnica para fins materiais ou solu-

---

[44] Id., Ib., q. 303, item 2.
[45] Id., Ib., Nota.

Capítulo 20

ções de problemas do cotidiano, caindo em armadilhas e teias armadas pela própria imprevidência do medianeiro que usa deste intercâmbio para outros fins que não sejam os estabelecidos pela Codificação Espírita.

Genericamente, as mistificações acontecem nos grupos mediúnicos ou com médiuns, num sentido mais amplo, com maior freqüência, quando Espíritos supostamente guias ou mentores, através de orientações ou aconselhamentos, fogem das diretrizes já delineadas para o trabalho mediúnico, tentando derrubar as defesas do grupo, levando inúmeros médiuns e participantes de reuniões a se afastarem dos trabalhos programados e até mesmo da casa espírita. Isto poderá ocorrer pelo desapontamento do médium quando se descobre ludibriado ou porque se sente desacreditado pelos companheiros da reunião.

Mas, até onde vai a responsabilidade do médium num processo de comunicação de um Espírito mistificador?

Analisemos, primeiramente, os casos de mistificação de Espíritos que se fazem passar por guias ou orientadores de reuniões. Essas são as mais fáceis de serem identificadas, porque dependerá do discernimento e do estudo do grupo e da lucidez do dirigente que, com humildade, paciência e habilidade, poderá detectar a mistificação, ajudando o médium e o Espírito. Mas nem sempre o médium aceita a orientação do dirigente e se afasta do grupo.

Face à sintonia psíquica responsável pela atração daqueles que se comunicam, a questão da moralidade do médium é de relevante importância, preponderando, inclusive, sobre os requisitos culturais, porquanto estes últimos podem constituir-lhe uma provação, jamais um impedimento, enquanto a primeira favorece a união com os Espíritos de igual nível evolutivo. Embora os cuidados que o exercício da mediunidade exige, nenhum sensitivo está isento de ser veículo de burla, de mistificação.[46]

É necessário, portanto, educar a mediunidade e aceitar com humildade as orientações dos que detêm maiores experiências, alicerçando o exercício da faculdade mediúnica nos valores morais, nos sentimentos nobres, mantendo a vigilância e a oração como normas de segurança para que possamos dignificar a tarefa que nos foi confiada, trabalhando por um mundo melhor.

Nos casos específicos de Espíritos obsessores que se fazem passar por sofredores ou que disfarçam sua identidade sob diversas formas, tentando enganar ao grupo mediúnico, Suely Caldas

---

[46]FRANCO, Divaldo P. *Médiuns e mediunidades*. Pelo Espírito Vianna de Carvalho. Niterói (RJ): Arte & Cultura e Livraria Ltda, 1990. P. 65.

Capítulo 20

Schubert, no livro de sua autoria *Obsessão/Desobsessão,* no cap. 12 da terceira parte, assim se expressa:

> Mistificadores existem que se comunicam aparentando, por exemplo, ser um sofredor, um necessitado, com a finalidade de desviar o ritmo das tarefas e de ocupar o tempo. O médium experiente e vigilante, e o grupo afinizado os identificarão. Mas não se pode dispensar toda a vigilância e discernimento.

E esclarece, ainda: "Numa reunião bem orientada, se se comunica um mistificador, *nem sempre* (o grifo é nosso) significa que haja desequilíbrio, desorganização ou invigilância".[47]

Vianna de Carvalho, no livro *Médiuns e mediunidades,* psicografia de Divaldo Pereira Franco, nos diz que as mistificações podem ter várias procedências:

> a) dos espíritos que se comunicam denunciando a sua inferioridade e demonstrando falhas no comportamento do medianeiro, que lhes ensejou a farsa; às vezes, apesar das qualidades morais relevantes do médium, este pode ser vítima de embuste, que é permitido pelos seus instrutores desencarnados com o fim de pôr-lhe à prova a humildade, a vigilância e o equilíbrio;

---

[47] SCHUBERT, Suely C. *Obsessão/Desobsessão.* 2. ed. Rio de Janeiro: FEB, 1981. Pp. 178 e 179.

b) involuntariamente, quando o próprio espírito do médium não logra ser fiel interprete da mensagem, por encontrar-se em aturdimento, em estafa, desgaste e desajustado emocionalmente;

c) inconscientemente, em razão da liberação dos arquivos da memória – animismo – ou por captação telepática direta ou indireta;

d) por fim quando se sentindo sem a presença dos comunicantes e sem valor moral para explicar a ocorrência, apela para a mistificação consciente e infeliz, derrapando no gravame moral significativo.[48]

Ainda no mesmo livro, o autor nos dá a seguinte assertiva:

"A mistificação mediúnica de qualquer natureza tem muito a ver com o caráter moral do médium, que, consciente ou não, é responsável pelas ocorrências normais e paranormais de sua existência".[49]

Foi perguntado a Chico Xavier, e publicado no livro de Elias Barbosa, *No mundo de Chico Xavier* (2. ed. Araras, SP: IDE, 1975, p. 32), se alguma vez ele teria sido alvo de mistificação por parte dos Espíritos, a que ele respondeu afirmativamente. E quando lhe perguntaram por que Emmanuel permitia que isto ocorresse, respondeu:

---

[48] FRANCO, Divaldo P. Op. cit. Pelo Espírito Vianna de Carvalho. P. 66.
[49] Id., Ib., p. 67.

Capítulo 20

Decerto que o mundo espiritual permite que eu passe por essas provações para mostrar-me que receber livros dos Instrutores espirituais não me cria privilégio algum, que estou apenas cumprindo meu dever e que sou um médium tão falível quanto qualquer outro, com necessidade constante de oração e trabalho, boa vontade e vigilância.

Não podemos deixar de considerar a utilidade de estarmos sempre vigilantes em se tratando do intercâmbio com o plano espiritual, procurando estudar constantemente, observar e analisar com o crivo da razão todas as comunicações. Não esquecendo, jamais, de que nada acontece nas reuniões mediúnicas sérias, sem o consentimento e a supervisão dos mentores espirituais, poderemos concluir que as mistificações têm um objetivo útil para todos nós – manter-nos humildes e sempre atentos aos objetivos nobres do trabalho mediúnico.

Em se tratando de mediunidade, Allan Kardec nos adverte sem cessar *"Estudai, antes de praticardes, porquanto é esse o único meio de não adquirirem experiência à vossa própria custa"*, fechando a magistral obra que deve nortear todas as nossas atividades no campo da ciência espírita – *O Livro do Médiuns*.

21
A paranormalidade nos animais

FATOS OCORRIDOS com animais, apresentando supostas visões, enriquecem a literatura mundial. Nas lendas, sagas e mesmo narrativas verídicas testemunhadas por pesquisadores idôneos, encontramos descrições de certos fenômenos paranormais ocorridos em animais, principalmente no cão e no cavalo, que demonstram, com certa freqüência, percepções de medo ante algum obstáculo ou algo imperceptível aos nossos sentidos físicos.

A literatura espírita relata fatos consentâneos com os princípios da Codificação, uma vez que são comprovadamente dignos de aceitação pela coerência e testemunhos diversos que apresentam seus autores.

Existem inúmeras obras que narram estes fatos, mas citaremos apenas alguns para não nos alongarmos demais. No livro *Reencarnação*, Gabriel Delanne, no cap. V, fala de diversos casos, exemplificando com dois, muito interessantes, de clarividência. O leitor encontrará neste capítulo muitas descrições dignas de aceitação.

Há de se distinguir a paranormalidade dos animais e a mediunidade que se evidencia no ser humano com características que todos conhecemos – a faculdade de estabelecer o intercâmbio entre o plano físico e o espiritual – cujos mecanismos são regidos por leis racionais. As percepções espirituais no homem são apresentadas em várias intensidades. Não há possibilidade dos animais terem a mesma disposição orgânica do ser humano, como nos instrui Allan Kardec.

Na *Revista Espírita*, ano 1861, encontramos as explicações de Erasto:

> Que é um médium? É o ser, é o indivíduo que serve de traço de união aos Espíritos, para que estes possam comunicar-se facilmente com os homens: Espíritos encarnados. Por conseguinte, sem médium, não há comunicações tangíveis, mentais, escritas, físicas, de qualquer natureza que seja.[50]

E mais adiante comenta:

> É certo que os Espíritos podem tornar-se visíveis e tangíveis aos animais e, muitas vezes, o terror súbito

---

[50] KARDEC, Allan. *Revista Espírita*, agosto de 1861. "Dissertação e ensinos espíritas: *Os animais médiuns.*"

que eles denotam, sem que lhe percebais a causa, é determinado pela visão de um ou de muitos Espíritos, mal-intencionados com relação aos indivíduos presentes, ou com relação aos donos dos animais. (...) Mas repito, não mediunizamos diretamente nem os animais nem a matéria inerte. É-nos sempre necessário o concurso *consciente* ou *inconsciente*, de um médium humano, porque precisamos da união de fluidos similares, o que não achamos nem nos animais, nem na matéria bruta.[51]

No capítulo XXII, de *O Livro dos Médiuns*, Kardec inicia o item 234, com a seguinte pergunta: "Podem os animais ser médiuns?".[52] Esta indagação tem fundamento pela grande incidência de fatos ligados às experiências com animais, principalmente com aves domesticadas que pareciam adivinhar os pensamentos dos presentes, através de cartas. Kardec chama a atenção quanto à veracidade destes "fenômenos", pois a lucidez é variável e sofre intermitências nos seres humanos, enquanto nos animais (nas aves citadas) é permanente e funcionava com tamanha regularidade e precisão, o que não se vê em nenhum sonâmbulo ou sensitivo. Conclui com discernimento que seriam experiências de prestidigitadores e mesmo assim comenta o admirável poder de assimilação destes pássaros.

---

[51] Id., Ib.

[52] Id. *O Livro dos Médiuns*. 72. ed. Rio de Janeiro: FEB, 2004.

Eram tão freqüentes as demonstrações públicas destes fenômenos com animais, que Kardec inclui em *O Livro dos Médiuns*, o capítulo citado anteriormente, "Da mediunidade nos animais", no qual esclarece que:

> as experiências que presenciamos são da natureza das que fazem os prestidigitadores e não podiam deixar-nos em dúvida sobre o emprego de alguns dos meios de que usam estes, notadamente o das cartas forçadas. (...) Como quer que seja, no tocante às experiências de que acima falamos, não menos integral permanece, de outro ponto de vista, a questão principal, por isso que, assim como a imitação do sonambulismo não obsta a que a faculdade exista, também a imitação da mediunidade por meio dos pássaros nada prova, contra a possibilidade da existência, neles, ou em outros animais de uma faculdade análoga.[53]

Erasto prossegue com explicações a respeito:

> Os fatos mediúnicos não podem dar-se sem o concurso consciente ou inconsciente dos médiuns; e somente entre os encarnados, Espíritos como nós, podemos encontrar os que nos sirvam de médiuns. Quanto a educar cães, pássaros ou outros animais, para fazerem tais ou tais exercícios, é trabalho vosso e não nosso.[54]

Ernesto Bozzano em seu livro *Os animais têm alma?*, ainda no prefácio, diz que:

---

[53] Id., Ib., itens 234 e 235.

[54] Id., Ib., cap. XXII, item 236.

as manifestações metapsíquicas, em que os protagonistas são animais, não podem deixar de estar circunscritas em limites de realização mais modestos do que quando os protagonistas são seres humanos, pois esses limites correspondem às capacidades intelectivas das espécies com as quais os fatos se produzem.[55]

Muito importante nesta obra é a classificação dos fenômenos ocorridos com os animais, comprovados cientificamente, nos quais os animais são os agentes destas experiências e também com notáveis percepções telepáticas.

Somente com o intuito de ilustrar estes comentários, citarei a listagem de fenômenos ocorridos com animais na obra de Bozzano, convidando o leitor a buscar na leitura do livro mais aprofundamento neste assunto:

- Alucinações telepáticas nas quais o animal é o agente.

- Alucinações telepáticas nas quais o animal é o percipiente.

- Visões percebidas pelo animal e o homem.

- Manifestações premonitórias de morte.

- Animais e fenômenos de assombração.

---

[55] BOZZANO, Ernesto. *Os animais têm alma?* 4. ed. Niterói (RJ): Lachâtre, 2000. P. 9.

Capítulo 21

- Materialização de animais.
- Visão e identificação de fantasmas de animais mortos.[56]

Vale a pena ler esta obra de Bozzano e estabelecer alguns parâmetros entre a paranormalidade dos animais e a mediunidade humana, ampliando assim nosso conhecimento e interpretação de muitos fenômenos que ocorrem nas reuniões mediúnicas e outras experiências em torno desse assunto.

---

[56] Id., Ib., pp. 13, 41, 45, 77, 89, 115 e 125.

Sobre minha mãe...

QUANDO SOUBE que deveria falar sobre os artigos escritos por minha mãe, deparei com uma barreira: como escrever sobre alguém que você tem enorme admiração e amor, sem se deixar levar pelos caminhos do coração? Mas depois de pensar algum tempo, entendi que seria este o caminho...

Fica difícil falar dela sem me emocionar e recordar suas histórias que jamais foram escritas, mas que nos emocionam a todos que temos o prazer de com ela conviver...

Mulher de fibra e doce ao mesmo tempo. Racional e amorosa, séria em suas atitudes e descontraída na intimidade. Brinca quando fala sério e surpreende em suas decisões, tamanha a desenvoltura com que resolve os mais diversos problemas que surgem em seu dia-a-dia, em família ou na casa espírita.

Nascida em berço espírita, sempre se mostrou ponderada em tudo que faz e escreve. Tira proveito de todas as situações possíveis, sejam elas difíceis, amargas, alegres ou aflitivas. Aliás, nunca a vi perder a esperança. E olha que sua jornada não tem sido fácil...

Escreve com o coração, passando sempre suas impressões e experiências adquiridas com o decorrer do tempo. Em seus artigos, podemos observar que o conhecimento vem acompanhado de vivência e muito trabalho na Doutrina. Quando solicitada a emitir sua opinião sobre determinado assunto, é sempre ouvida com muito respeito por todos aqueles que lhe confiam seus problemas.

Tive o privilégio de poder acompanhá-la, desde cedo, em suas tarefas. Com ela aprendi a amar a Doutrina Espírita e trabalhamos muitos anos juntas na Reunião Mediúnica de terça-feira. Hoje, somos companheiras de trabalho no Tratamento Espiritual da Criança.

Sempre quis juntar alguns de seus artigos para que não ficassem espalhados em várias revistas e, um dia, conversando com minha irmã Sandra, tivemos a idéia de tentar publicar um livro. Com a idéia na cabeça, recorri ao querido amigo Carlos Abranches, que se mostrou interessado em nos ajudar, com muito desprendimento e eficiência.

Sobre minha mãe...

Gostaríamos de que algo de bom ficasse no coração de cada pessoa que folheasse essas páginas. E que, em algum momento, aquilo que ela escreveu sirva de lenitivo a quem sofre, exemplo a quem está em dúvida e acalanto àquele que procura a paz...

Obrigada Mãe, por seus exemplos de vida, pelo lar espírita que pôde me ofertar, mas principalmente pelo carinho e amizade que nutrimos uma pela outra. Eu te amo.

Com admiração, a filha Valéria.

22
Laços de família

A SUAVE nostalgia que as lembranças trazem ao meu espírito, neste breve intervalo em que distancio das lides do cotidiano, é como o tempo que se esvai com as nuvens embaladas pelo vento no firmamento azul... O perfume das flores, das folhagens ressequidas neste inverno, o murmúrio das águas que correm para deitarem suas ondulações nas escarpas do lago... E as vozes abafadas que chegam aos meus ouvidos, distantes, quase imperceptíveis, fazem-me recordar outros tempos, quando a família se reunia nos domingos festivos...

Laços de família – tão fortes pelas afinidades que se destacam na união dos afetos, na similitude dos gostos e dos anseios... Mas tão frágeis e tênues na consangüinidade que o tempo desfaz separando os que partem indiferentes, os que se tornam arredios, magoados por motivos efêmeros, às vezes sem importância, os que ainda não se deram conta desse rico manancial de bênçãos que constitui a família estruturada no amor, na compreensão, na tolerância e respeito mútuos...

Como é célere o tempo... Como se distanciam de nós as vivências de outrora, como são fugidias as lembranças, entretanto, marcam-nos indelevelmente os gestos de amor, as afeições sinceras, os apoios fraternos ante a adversidade, induzindo-nos a acreditar que é universal o laço que nos une a tantas almas afins, apesar das distâncias, das suas ausências e do "esquecimento temporário" que a lei natural nos impõe em seu ciclo evolutivo, nas vidas sucessivas que o nosso progresso moral requer.

A Doutrina Espírita esclarece-nos sobre as questões familiares, com explicações lógicas e coerentes que nos levam a compreender melhor as divergências que marcam certos núcleos familiares que se dispersam ao longo do tempo... Se analisarmos com maior profundidade nosso grupo familiar, poderemos constatar, com algumas exceções, que há uma variedade de comportamentos, de ideais, de objetivos... Isto na fase adulta leva alguns membros a se distanciarem, o que naturalmente é regido pela lei de afinidade, levando-os a buscar o que melhor se identifica com seus ideais, com seus desejos.

Permanecem ligados os que estão unidos pelos laços espirituais, que já experimentaram outras

Laços de família

vivências, consolidando afetos, estabelecendo a comunhão de idéias e anseios, como nos informa Allan Kardec no item 8, do capítulo XIV de *O Evangelho segundo o Espiritismo*, rico em colocações sobre este assunto que agora abordamos. Fala-nos que os laços do sangue não criam forçosamente os liames entre os Espíritos. "(...) Não são os da consangüinidade os verdadeiros laços de família e sim os da simpatia e da comunhão de idéias, os quais prendem os Espírito antes, durante e depois de suas encarnações."[57]

Em nossas observações ao longo de todos estes anos e pelos exemplos que nos chegam através das comunicações mediúnicas, fartas em informações e lições em torno da problemática espiritual resultante de ciúme, de egoísmo, de viciações morais, deparamos com histórias vivas comprovando as dissertações que Kardec nos apresenta no referido capítulo. Sentimentos de culpa, ingratidões de filhos, sentimentos de repulsas no âmbito familiar, animosidade e conflitos familiares gerando sofrimentos e dissensões... São tantos os problemas oriundos nas vidas passadas que apresentam conotações de variados matizes na vida atual, que somente a lucidez dos princípios espíritas conseguem esclarecer...

---

[57] KARDEC, Allan. *O Evangelho segundo o Espiritismo*. 66. ed. (especial). Rio de Janeiro: FEB, 1976.

Capítulo 22

Para a solução de tantos conflitos, de tantas divergências, de tantos sofrimentos, esclarece-nos Kardec, "uma só é a senha: caridade. Ora, não há caridade sem o esquecimento dos ultrajes e das injúrias; não há caridade sem perdão, nem com o coração tomado de ódio".[58] A bênção da reencarnação irá operar a transformação de tantos sentimentos contraditórios, de tantas animosidades através do amor da família que recebe irmãos necessitados de compreensão, de tolerância e de uma acolhida especial para que sejam despertados em seu mundo íntimo os laços da fraternidade e da compreensão. É a grande preocupação das famílias espíritas atuais, pelo conhecimento que possuem da rara oportunidade de refazer ligações rompidas por sentimentos negativos, buscando sob a luz do amor a união de todos os que caminham juntos no mesmo grupo familiar.

De todas as provas, as mais duras são as que afetam o coração. (...) Mas, em tais circunstâncias, que mais pode, eficazmente, restabelecer a coragem moral, do que o conhecimento das causas do mal, e a certeza de que, se bem haja prolongados despedaçamentos d'alma, não há desesperos eternos, porque é possível seja da vontade de Deus que a sua criatura sofra indefinidamente? Que de mais reconfortante, mais animador do que a idéia que de cada um dos

---

[58] KARDEC, Allan. *O Evangelho segundo o Espiritismo*, cap. XIV, item 9.

seus esforços é que depende abreviar o sofrimento, mediante a destruição, em si, das causas do mal?[59]

Nos relacionamentos familiares podemos constatar a necessidade do perdão, da compreensão, do discernimento ante os problemas que vão surgindo nas diferentes reações dos filhos, do cônjuge, à medida que vão se alongando as convivências, que vão se ampliando as ligações com outros núcleos familiares através das uniões e dos casamentos...

Com essas reflexões que chegam à minha mente, recordando-me de tantos afetos que se foram, de outros que estão chegando ao convívio familiar, ampliam nossas cogitações ante a problemática dos lares que se desfazem ao longo do tempo, e de outros que se consolidam através das lutas e das conquistas imperecíveis do espírito, o que nos leva a entender a bênção das oportunidades recebidas através das vidas sucessivas, amenizando nossas dores, suavizando nossa caminhada evolutiva.

Ao lado dos que ainda não compreendem o valor da gratidão, do bálsamo do perdão, da luz que emana do verdadeiro amor, encontramos os afetos que nos amam verdadeiramente, que nos levam a crescer espiritualmente, no círculo de nossos laços familiares e para nossa alegria, nos laços espirituais

---

[59] Id., Ib.

que se estreitam pelas lutas vencidas e valores conquistados através da coragem e da fé.

E nesta recordação que aflora em meus íntimos pensamentos, está ínsita a certeza da Justiça de Deus, de seu amor imensurável por todos nós, propiciando-nos o refazer de nossas vidas, de reconquistar os elos perdidos de nossos amores que distanciaram na voragem dos tempos, certamente, por nossa insensatez e nossa invigilância.

Quantos esclarecimentos nos trazem os ensinamentos espíritas... "Formam famílias os Espíritos que a analogia dos gostos, a identidade do progresso moral e a afeição induzem a reunir-se..."[60]

Laços de família, tão frágeis pela consangüinidade, mas tão fortes pela lei do amor e similitude dos anseios de crescimento espiritual...

---

[60] Id., Ib.

23
Carência afetiva e conflitos no lar

No LAR onde deveria reinar tão-somente o amor e a fraternidade, surgem conflitos entre os componentes da família, causando transtornos e sofrimento a todos, principalmente às crianças que estão na fase de assimilação dos exemplos e sedimentando sua estrutura psicológica, para sua futura participação na sociedade.

São fatores geradores de conflitos:

a) a falta de diálogo;

b) o egoísmo;

c) a falta de respeito aos direitos alheios;

d) o desamor e a incompreensão;

e) os problemas financeiros.

Estes conflitos levam a criança a se sentir infeliz, carente de afeto e insegura.

Capítulo 23

Vianna de Carvalho no livro *Atualidade do pensamento espírita* através da psicografia de Divaldo P. Franco, questão 114, preconiza:

A educação começa a partir do momento em que são insculpidos os hábitos na criança, corrigindo-lhes as reações do instinto e modelando-lhe as características que a tornarão um ser saudável, social e intelectualmente. Enquanto isso não ocorre, naturalmente as instituições específicas ideais serão aquelas nas quais floresçam o amor e o conhecimento da psicologia infantil, transmitindo segurança e afetividade. Todavia, nenhuma instituição, por mais bem aparelhada culturalmente, substitui o afeto da família, principalmente dos pais em cujo relacionamento as leis da reencarnação proporcionam os mecanismos para o aprimoramento do ser, na convivência, nas experiências, na aprendizagem recíproca entre educadores e educandos, que se nutrem dos valores espirituais e emocionais que os reúnem no processo de crescimento para a Vida.[61]

Analisando o pensamento no nobre Benfeitor espiritual, entendemos como é importante o relacionamento dos pais e dos filhos neste aprendizado que a reencarnação proporciona, visando ao aperfeiçoamento moral e à reparação dos erros do passado.

---
[61]FRANCO, Divaldo P. *Atualidade do pensamento espírita*. Pelo Espírito Vianna de Carvalho. Salvador (BA): LEAL, 1998. P. 104.

A infância, no decorrer das vidas sucessivas, é o período no qual se alicerça a estrutura psicológica do ser humano. Todas as vivências são gravadas no psiquismo atual e terão repercussão saudável ou perturbadora, dependendo dos valores éticos que as expressem. Se negativos, redundarão em desequilíbrios na área afetiva e social. Quando positivos, contribuirão para o progresso moral e a auto-realização do ser.

A carência afetiva na infância gera distúrbios de comportamento e desequilíbrios cujos reflexos perduram por toda a vida. Principalmente, a auto-estima da criança irá projetar em sua existência os conflitos e as desarmonias íntimas perturbando seu relacionamento familiar e social. Por não se sentir amada e com alto nível de rejeição, cai consideravelmente sua auto-estima e sua confiança nos que a cercam.

No livro *Amor, imbatível amor*, psicografia de Divaldo P. Franco, no cap. 4, Joanna de Ângelis fala da gravidade do problema emocional gerado pela perturbação dos pais, no relacionamento com os filhos:

> Todos nascem para ser livres e felizes. No entanto, pessoas emocionalmente enfermas, ante o próprio fracasso, transferem para os filhos aquilo que gostariam de conseguir, suas culpas e incapacidades, quan-

do não descarregam todo o insucesso ou insegurança naqueles que vivem sob sua dependência.[62]

Esse comportamento lesa a alma infantil que ressente da falta de amor, de segurança e de proteção, tão importantes para sua formação moral e espiritual.

A criança se torna triste, reprimida e sem esperanças...

Outras vezes, foge para comportamentos agressivos, alienados e se entrega a diversões perigosas, ao uso de drogas, podendo chegar às depressões profundas e até mesmo ao suicídio.

Sente-se vazia de afeto e solitária em seu mundo que a apavora.

A ausência do amor da família gera distúrbios comportamentais na criança e somente uma reeducação moral alicerçada no amor poderá ajudá-la a superar estas dificuldades, valorizando-a e insculpindo em sua mente valores morais que dignificam o ser humano e dão novo sentido à vida.

A carência afetiva apresenta conotações mais graves nas crianças abandonadas, nas recolhidas em instituições públicas de amparo ao menor, nas que vivem nas ruas, entregues à própria sorte, arriscando

---

[62] FRANCO, Divaldo P. *Amor, imbatível amor*. Pelo Espírito Joanna de Ângelis. Salvador (BA): LEAL, 1998. P. 81.

suas vidas e muitas vezes entregues ao vício, à prostituição.

No capítulo XIII de *O Evangelho segundo o Espiritismo*, item 18, em mensagem assinada por "Um Espírito familiar" (Paris, 1860), somos chamados à atenção para o auxílio e proteção que devemos distender à criança abandonada. Eis um trecho: "Ponderai também que muitas vezes a criança que socorreis vos foi cara noutra encarnação, caso em que, se pudésseis lembrar-vos, já não estaríeis praticando a caridade, mas cumprindo um dever".[63]

Toda criança, portanto, necessita de amor e proteção.

No campo da afetividade é imprescindível atender às necessidades básicas da criança, dispensando-lhe carinho e afeição. No período infantil "a criança manifesta os instintos bons ou maus que traz da sua existência anterior",[64] entretanto, é nesta fase que ela se mostra mais maleável, com maior grau de sensibilidade à influência do lar na formação de sua personalidade atual. Daí a importância dos exemplos e da vivência familiar em sua vida.

---

[63] KARDEC, Allan. *O Evangelho segundo o Espiritismo*. 66. ed. (especial). Rio de Janeiro: FEB, 1976.

[64] Id., Ib. Cap. XIV, item 9.

Capítulo 23

"O amor desempenha um papel muito importante na construção de um ser saudável", ressalta Joanna de Ângelis ao comentar o relacionamento mãe/filho como essencial no campo da afetividade e a ausência deste sentimento irá perturbar o desenvolvimento da criança. Isto porque, enfatiza: "o amor é luz permanente no cérebro e paz contínua no coração".[65]

---

[65] FRANCO, Divaldo P. Op. cit. Pelo Espírito Joanna de Ângelis. P. 252.

24
Balada da chuva...

Hoje é um Dia das Mães diferente de tantos já transcorridos...

A Natureza parece refletir a amargura de tantas mães esquecidas e solitárias...

Chove torrencialmente. Onde o céu azul e o Sol a brilhar tão comum nas manhãs de maio?

Onde se esconderam os pássaros que acordavam com seus gorjeios e cantos matinais todas as mães em seus lares?

A chuva a cair, escorrendo pelas ramagens das árvores, pelos telhados e rampas, parece chorar como as mães esquecidas, desamparadas e por aquelas que sofrem a perda dos seus filhos prostituídos pelos vícios, corrompidos pelas trágicas imposições da guerra, pelos que partiram sem destino e, talvez, não retornem nunca mais...

A tristeza desta manhã, por certo, deve assemelhar-se ao íntimo de tantas mães abandonadas, aba-

Capítulo 24

tidas pela ingratidão, desoladas pelos dissabores qual árvore que se verga ao peso dos temporais.

São tantas as mães que choram nesta manhã de maio...

Algumas abraçadas aos filhos, sentindo fome e frio, sob as marquises da cidade grande, sem um teto ou um cobertor que os aqueça, tentando com seu corpo os envolver e aquecer...

E as outras mães sob a angústia do medo e da opressão, da violência em seus próprios lares, sem receber neste dia o mínimo gesto de afeto e compreensão?

As mães que choram na ansiedade por dias melhores, sem o mínimo de subsistência para prover a prole que aumenta a cada ano...

Do conforto de meu lar, olhando a chuva lá fora, sinto vergonha ao lembrar destas mães... Todavia, não me sinto culpada, mas não consigo ser feliz ao recordá-las. Voltam-me à mente tantas mães sofridas, perdidas, desestruturadas, que cruzaram o meu caminho ao longo da minha vida... E me pergunto: Será que consegui, realmente, fazer algo por elas? Ou a cômoda indiferença tolheu meus braços, endurecendo o meu coração? Certamente há muito, ainda, o que fazer...

Lembro-me das outras mães que estão nos hospitais, algumas desamparadas, aguardando o término de suas vidas, sem o carinho dos seus...

Outras desenganadas, esvaindo-se aos poucos, sob o látego da dor irreversível, em leitos terminais, mas apoiadas pelos braços generosos de filhos dedicados e queridos...

Outras visões chegam até meu íntimo, das mães esquecidas nas casas geriátricas, enrijecidas pelo frio da solidão, sem o afeto dos que um dia ela acalentou em seus braços, com amor e ternura...

E as mães perdidas nos labirintos dos vícios, renegadas, excluídas... Onde estarão seus filhos?

Há tanta dor em seus corações que a natureza, hoje, decidiu homenageá-las chorando neste amanhecer, sendo solidária e numa demonstração de que ela é a mãe de todas nós, já que todos nós dependemos dela para sobreviver, parece nos dizer: "Não se aflijam, tenham paciência... Um dia tudo irá se transformar. Olhem o meu exemplo. Aguardo pacientemente as mudanças do tempo, refazendo-me continuamente, recompondo-me a cada nova estação, aguardando confiante a bênção da chuva, o calor do sol, a carícia do vento, o refrigério do orvalho nas noites cálidas, certa de que Deus é o Criador de todas as coisas, de mim, de você, de todo o Universo!... Aguarde mais um pouco e procure ter fé, porque não há sombra que perdure a cada alvorecer, nem sofrimento que não dilua ante o amor de um coração amigo e generoso...".

Capítulo 24

Aos poucos, a chuva foi diminuindo de intensidade, as nuvens menos densas começaram a bailar sob a carícia do vento, dirigindo-se para o horizonte e já se podia descortinar, ao longe, entremeando as nuvens pequenos espaços azuis enfeitando esta manhã de maio. O Sol foi rompendo com seus raios estes meandros e voltou a brilhar irradiando para todos nós a luz de um novo tempo.

Olhei através da janela, e orei com fé, agradecendo a Deus a bênção de um lar e filhos tão queridos, rogando por todas as mães neste seu dia de maio.

25
Empecilhos ao desenvolvimento da criança

ANALISANDO os empecilhos ao desenvolvimento intelectual e moral da criança, numa visão espírita, vamos nesta introdução refletir juntos em torno do compromisso maior, assumido pelos pais, já que eles irão desempenhar um papel fundamental neste processo de crescimento.

Allan Kardec, na questão 582 de *O Livro dos Espíritos*, indaga:

"Pode-se considerar como missão a paternidade?".

E os Espíritos superiores respondem:

É, sem contestação possível, uma verdadeira missão. É ao mesmo tempo grandíssimo dever e que envolve, mais do que o pensa o homem, a sua responsabilidade quanto ao futuro. Deus colocou o filho sob a tutela dos pais, a fim de que estes o dirijam pela senda do bem, e lhes facilitou a tarefa dando àquele uma organização débil e delicada, que o torna propício a todas as impressões. Muitos há, no entanto, que mais cuidam de aprumar as árvores do seu jardim e de fazê-las dar bons frutos em abundância, do que de formar o caráter de seu filho. Se este vier a sucumbir por culpa deles, suportarão os desgostos resultantes dessa queda e partilharão dos sofrimentos do filho na vida futura, por não terem feito o que lhes estava ao alcance para que ele avançasse na estrada do bem.[66]

O que vemos, de um modo geral, é o desejo de todos os pais, com relação ao futuro de seus filhos, de que ele seja pleno de paz, realizações profissionais e felicidades. Se todos pudessem, procurariam amenizar suas dores e seus dissabores.

Entretanto, nessa mensagem, verificamos que eles nos advertem da responsabilidade dos pais com relação ao compromisso assumido no plano espiritual, de orientar, educar e dirigir estes Espíritos que reencarnam em nossos lares, para que possam cumprir a programação de vida, que melhor se adapte ao seu progresso moral e espiritual. Neste sentido, qualquer fracasso de nossa parte, qualquer negligência ou omissão nos colocará como responsáveis pelas dores ou sofrimentos que nossos filhos tenham em conseqüência de nossa

---

[66] KARDEC, Allan. *O Livro dos Espíritos*. 74. ed. Rio de Janeiro: FEB, 1994.

conduta no lar ou mesmo por faltar com a necessária atenção aos seus apelos ou solicitações, quando sob nossa guarda.

O objetivo da reencarnação é o progresso moral do indivíduo, nos ensinam os princípios espíritas, e este conhecimento amplia nosso entendimento em torno das questões sociais e morais que acompanham a evolução humana.

Educadores e psicólogos modernos se congregam em estudos e pesquisas em torno do desenvolvimento desde a fase pré-natal até a adolescência, analisando os fatores genéticos, as mudanças biológicas, os fatores sociais e familiares. Por seu grau de influência na mente infantil, colocam a família e a escola como fatores preponderantes no desenvolvimento intelectual e moral da criança.

Na fase escolar a criança amplia seu mundo social e passa a sofrer influências dos colegas, dos professores e de todos os meios de comunicação utilizados nos processos educativos (TV, computador, técnicas utilizadas no aprendizado, etc.). Mesmo assim, a família continuará a ser o fator determinante de sua vida de relação e de seu desenvolvimento moral.

Quais seriam os maiores empecilhos neste desenvolvimento?

Podemos enumerar os seguintes:

1 – Rejeição e abandono (no lar e na sociedade).

2 – Excessivo controle psicológico (dos pais, dos professores, dos adultos).

3 – Negligência dos pais (com relação aos estudos, à alimentação, à saúde).

4 – Autoritarismo e hostilidade dos pais ou responsáveis.

5 – Baixa auto-estima.

6 – Discriminação racial, social ou religiosa.

7 – Desrespeito aos direitos da criança (lazer, moradia, educação, saúde).

Estes fatores irão influenciar decisivamente em seu desenvolvimento físico, mental e espiritual.

A maioria dos problemas psicológicos mais comuns da meninice se apresenta de forma passageira e limitada severidade, se o funcionamento neurofisiológico da criança é normal, se não está sujeita a traumas anormalmente intensos em seu ambiente social e se seus pais lhes fornecem bons modelos.[67]

Assim, muitas crianças superam alguns dos fatores acima citados, quando seus espíritos já estão mais preparados, suas mentes mais equilibradas e o meio onde vivem e a família não influenciam de forma negativa a evolução de seu desenvolvimento.

---

[67]MUSSEN/CONGER/KAGAN. *Desenvolvimento e personalidade da criança*. Trad. de Maria Silvia Mourão Netto. 4. ed. São Paulo: Harper & Row do Brasil, 1977. P. 375.

Empecilhos ao desenvolvimento da criança

Um dos empecilhos mais comuns e que afetam a mente infantil, em quaisquer grupos étnicos e de todos os níveis socioeconômicos, é a discriminação racial ou religiosa. Provoca lesão em sua mente afetando seu comportamento, retardando seu desenvolvimento e sua formação moral. Torna-se, muitas vezes, alienada, agressiva com o próprio grupo a que pertence. Futuramente serão pessoas hostis, preconceituosas, de difícil relacionamento social.

Alguns educadores como Piaget e Kohlberg, consideram que: "o desenvolvimento dos valores morais (consciência) da criança é um processo racional que coincide com o desenvolvimento cognitivo, e também das influências paternas e maternas as quais a criança está submetida".[68] Entretanto, numa visão mais ampla que a Doutrina Espírita nos confere, diríamos que a criança como uma personalidade preexistente, traz de vidas passadas, subsídios, tendências, aptidões, conhecimentos latentes e, como tal, sua educação e seu desenvolvimento moral são gradativos e constantes, acompanhando sua evolução espiritual. Por estarem adormecidas, certas emoções e sentimentos afloram com maior intensidade na adolescência.

Nos dias atuais, vemos que fatores muito graves e intensos estão dificultando este desenvolvimento,

---

[68] Id., Ib., p. 392.

Capítulo 25

como a miséria que impede a criança de participar da vida e do meio social no atendimento de suas necessidades primárias. A miséria social advinda das guerras, dos flagelos na Natureza, das perseguições políticas e religiosas, leva a criança à degradação de seus valores morais, a comportamentos agressivos e perturbadores, à marginalização.

Em mensagem de Emmanuel, no livro *Fonte Viva*, psicografia de Chico Xavier, no cap. 157, encontramos uma advertência que nos leva a profundas reflexões em torno da criança abandonada:

> A vadiagem na rua fabrica delinqüentes que acabam situados no cárcere ou no hospício, mas o relaxamento espiritual no reduto doméstico gera demônios sociais de perversidade e loucura que em muitas ocasiões, amparados pelo dinheiro ou pelos postos de evidência, atravessam largas faixas do século, espalhando miséria e sofrimento, sombra e ruína, com deplorável impunidade à frente da justiça terrestre.[69]

Meditando nas palavras do Benfeitor espiritual, resta-nos refletir mais demoradamente em torno de nossa responsabilidade perante Deus, quando nos colocou como responsáveis e provedores daqueles que chegam ao nosso lar, como filhos ou dependentes...

---

[69] XAVIER, Francisco C. *Fonte Viva*. Pelo Espírito Emmanuel. 21. ed. Rio de Janeiro: FEB, 1997.

Estaremos sendo fiéis ao compromisso assumido?

Estaremos semeando amor e compreensão, com justiça e equilíbrio?

A infância é marcada indelevelmente pelo ambiente doméstico.

Façamos nossa parte, pelo menos, no meio restrito do lar, para que fique menos difícil viver no mundo atual onde desastres sociais, a violência, as guerras e as discriminações ameaçam a paz e a fraternidade entre os homens.

A Doutrina Espírita enriquece nossos espíritos com a compreensão e o discernimento. Saibamos usar esta riqueza, principalmente, a favor dos que estão sob nossa responsabilidade moral e social. Certamente não nos arrependeremos, jamais, pelos frutos colhidos através da sementeira do amor e da generosidade.

26
Perdas na infância

A INFÂNCIA é marcada, indelevelmente, pelos acontecimentos diários.

A família constitui o abrigo, a fortaleza onde a criança se escuda contra o que julga danoso ou que a faça sofrer.

O lar funciona como um todo, onde os pais, os familiares e mesmo os serviçais, quando ligados por elos afetivos, constituem o seu mundo de paz, de segurança e de amor.

Quando a criança não se sente protegida no lar, ela fica insegura, triste, medrosa ou agressiva e rebelde. Age como se estivesse chamando a atenção para o seu mundo, carente de afeto e proteção, quando as coisas não andam bem em torno de si. Ela é sensível e perceptiva a este mundo onde vive, embora muitos componentes da família tentem esconder os fatos, a realidade, camuflando sentimentos e ações, ela os percebe e se não são equilibrados e positivos, a criança sofre e se angustia.

Capítulo 26

Na perda de um dos pais, ela sofre intensamente. É difícil para ela lidar com esta perda, principalmente nos primeiros anos de vida. Quando a criança chora, conversa com os familiares sobre seus sentimentos, e se desabafa, fica mais fácil o diálogo, as explicações que ela cobra. Mas quando ela esconde e dissimula a dor, torna-se arredia ou demonstrando indiferença, fica mais difícil atendê-la em suas necessidades.

A mente infantil absorve com maior intensidade a dor da perda. Ela vê alterado um esquema de vida (fantasioso às vezes) em que o pai e a mãe, se completam, não podem ser dissociados, e a morte, a destruição do corpo físico, fazendo desaparecer de sua convivência o ente querido, a torna infeliz e muitas vezes depressiva.

Nas crianças evangelizadas à luz da Doutrina Espírita, a compreensão do fenômeno da morte facilita seu entendimento com relação à perda do corpo físico. Isto, porém, não diminui seu sofrimento, porque a ausência física do pai ou da mãe torna seu mundo incompleto, levando-a a se sentir insegura e perdida.

Em muitos casos, isto justifica a facilidade com que as crianças aceitam uma nova união conjugal dos pais. Com um novo casamento a família fica, novamente, completa, e seu mundo mais real.

Perdas na infância

Tanto a figura do pai como a figura da mãe têm muita importância para a criança. A mãe, por estar a seu lado um tempo maior e por ser quem, na maioria das vezes, atende às suas primeiras necessidades, torna-a mais carente, neste sentido, quando desencarna.

Entretanto, a perda dos dois ao mesmo tempo cria uma lacuna em seu mundo e a criança terá que ser atendida com mais intensidade pelos que estiverem responsáveis por sua segurança.

A perda de familiares, avós, irmãos ou tios, quando integrados na família, causam, também, sofrimento à alma infantil. Eles ocupam lugares em seu coração pelo grau de afinidade espiritual existente, principalmente, irmãos muito ligados afetivamente, levando a criança a apresentar distúrbios de comportamento e até mesmo à depressão.

Como lidar com a criança no caso de mortes na família?

Agir com naturalidade e equilíbrio, não subestimando seu sofrimento, nem exagerando nas atenções, cometendo o erro de tentar compensá-la com presentes, viagens e coisas materiais que de forma alguma irão preencher o vazio deixado pela perda de um ente querido. Ela irá precisar mais de afeto, de atenção, de compreensão e de companhia dos que a amam.

A presença constante dos familiares, seus exemplos ante a morte, serão decisivos nesta fase que a angustia. A certeza de sentir-se amada, valorizada pelos que estão a seu lado, a fará sentir-se mais segura e, num tempo mais curto, irá voltar às atividades normais de sua vida infantil.

No lar espírita, com os recursos abençoados que o Espiritismo nos concede, a normalidade volta mais rapidamente, pelo conforto que a compreensão da morte nos proporciona. O culto do Evangelho no lar, os passes, as aulas de Evangelização no Centro Espírita, irão, aos poucos, no contato salutar com outras crianças e pessoas dedicadas que a cercam, reintegrando-a facilmente nesta nova fase de sua vida.

Outra perda que afeta profundamente a vida da criança é quando ocorre o afastamento de um dos cônjuges por separação ou divórcio. O lar desestruturado pela falta do amor e do entendimento entre os pais cria um ambiente de frustração e insegurança. "Se ele ou ela partiu", imagina a criança, "é porque não me ama mais, não me quer"... Este sentimento de desamor afeta a mente infantil e a faz sofrer. Não é fácil para a criança aceitar a separação dos pais. Mesmo que ela fale que está tudo bem, no íntimo ela desejará reverter esta situação – ter os dois do seu lado, porque os ama.

Mas existem separações que são necessárias e até mais saudáveis para os filhos, a ausência de um dos pais quando há violação dos direitos da criança, atitudes agressivas e doentias de um dos cônjuges. Mesmo nestes casos, embora a criança se sinta aliviada e fisicamente melhor, ela sofre com a ausência de um dos pais.

Seu critério de avaliação do que é melhor ou pior para ela é diferente do pensamento dos adultos. Ela os ama e não analisa seus defeitos, apenas os sentimentos bons e o amor de seus pais.

Nos tempos atuais, as crianças de pais separados não são mais tão discriminadas, como há algum tempo. Na escola, no clube, nos grupos religiosos, elas não se sentem tão marginalizadas...

Quando os pais são educados moralmente fica mais fácil a convivência e a criança consegue manter um vínculo afetivo com o pai ou com a mãe que está ausente do lar, visitando-o regularmente, recebendo seu apoio sempre que necessário. Isto ameniza em parte sua situação.

Mas quando o relacionamento dos pais separados não é socialmente equilibrado, com atitudes hostis e doentias, a criança sofre as conseqüências das brigas, das discussões, das agressões verbais ou físicas. Qualquer atitude de revide ou de agressividade de um dos pais, afetará a criança que sofre ante a crítica ou a indiferença de seus pais.

Quando os pais separados reorganizam suas vidas, a criança poderá ter duas atitudes: a primeira aceitando a nova situação a ponto de "simular" um esquecimento do pai ou da mãe que os abandonou e desejar que o outro parceiro ou parceira ocupe o lugar vazio causado pela separação; a segunda atitude será de não aceitar a nova situação e desejar viver com o pai e a mãe que o abandonou ou ficar no novo lar que se organiza, mas tornando-se rebelde, indisciplinado, agressivo, provocando crises entre os familiares atuais.

Serão indispensáveis para a criança, ante a perda ou separação dos pais, utilizar os recursos e apoio que a Psicologia moderna oferece, assistência dos responsáveis por sua segurança e bem-estar em maior intensidade e de todos os benefícios advindos da Evangelização Espírita. A todos estes recursos salutares, será imprescindível a terapia do amor incondicional, na cicatrização das feridas causadas pela dor do abandono ou da perda na infância.

27
Separação familiar

No MUNDO atual, inúmeras famílias se vêem defrontadas com crises financeiras, motivadas por perda de emprego dos pais ou outros fatores comerciais que levam os familiares a situações difíceis, exigindo mesmo, em alguns casos, desmembramento de alguns participantes do núcleo familiar.

Existem casais que voltam novamente a morar com os pais, modificando totalmente os hábitos familiares e buscando, através de novos comportamentos, uma adaptação difícil para os adultos e mais complicada, ainda, para a criança.

Outras vezes, têm que mudar de rua, de colégio, deixando insegurança e medo nas mentes infantis. Outras vezes, mudam de cidade, reduzem os gastos essenciais e eliminam os supérfluos, colocando a criança, que ainda não tem entendimento para compreender o que realmente acontece, ante as situações que a afligem e angustiam. Parece para muitos que apenas os adultos sofrem nestas con-

Capítulo 27

tingências, mas as crianças sentem estas perdas e as mudanças familiares ou sociais como um castigo. Isso as leva a fantasiar em seu mundo íntimo, procurando suprir a ausência das pessoas ou objetivos que constituíram suas vidas antes da crise financeira que se abateu sobre sua família.

Recordo-me de uma menina que conheci na minha infância. Seu nome era Lucinha. Mesmo antes de seus pais perderem seus bens materiais, ela já era uma criança triste e arredia. Nascera em família de classe média, de recursos, mas trazia de outras vidas, as marcas dolorosas da angústia, do medo e da depressão (aparentemente sem motivo, pois seu lar era bem estruturado e confortável).

Agia como se seu espírito já previsse, aos 4 anos apenas, as dores e os desacertos que iria sofrer a partir daquela fase. Entretanto, estavam todos juntos, os pais, os irmãos, a babá, e o lar era o seu mundo, a sua proteção.

De repente a casa é desfeita, a família é dividida com uns poucos móveis e a menina e sua cama, mais alguns pertences pessoais são enviados para a casa de um tio em companhia da irmã mais velha que estava com 19 anos.

Neste novo mundo, ela sofre a dor da separação, a perda dos pais, a ausência dos seus afetos mais caros e transfere todo o seu sentimento de amor e suas frustrações para a figura da irmã que a acompanha. Ela representa, agora, o seu mundo real, passando Lucinha todas as suas emoções para esta nova realidade e se apegando afetivamente à figura da irmã.

Para uma criança de 4 anos, este fato, esta mudança de vida, motivada por uma crise financeira grave, constitui causa de sofrimento e insegurança.

Ela se sente como intrusa nesta nova vida e se vê marginalizada neste ambiente que não é o seu lar, embora todos a tratassem com carinho. A irmã tenta suprir a falta dos pais, desdobrando-se em atenções e amor, todavia, o sofrimento desta radical mudança em suas vidas causa um doloroso trauma na mente de Lucinha, já anteriormente triste e com crises depressivas.

A separação dos membros da família, dos companheiros da infância, motivada por crises financeiras altera completamente o quadro social da criança tendo, muitas vezes, que mudar de colégio, deixando de freqüentar ambientes que antes freqüentava, passando a conviver com desconhecidos.

Há necessidade de se explicar à criança o motivo destas mudanças, mostrando desde cedo o valor das coisas espirituais e não valorizar, apenas, os bens materiais. Os pais espíritas, tendo maior compreensão da vida e das Leis de Deus, encontram maior facilidade em vencer estes transes tão difíceis, e o exemplo de suas reações ante as crises e as

Capítulo 27

perdas financeiras, sua postura ao enfrentar os dissabores de inúmeros acontecimentos negativos, ajudarão a criança a se movimentar melhor, neste novo mundo.

As mudanças de ambiente, como no caso de Lucinha, que foi retirada do lar, trazem maiores sofrimentos.

Entretanto, apesar das dores e incompreensões sofridas durante a separação, a alma infantil se comove e volta a sonhar com a possibilidade do reencontro.

Isto aconteceu dois anos depois... Este fato é motivo de intensa alegria e a família se reconstituiu física e materialmente, agrupando-se novamente no lar que os pais reorganizaram em bases mais modestas, porém enriquecido pelo amor e o companheirismo que unia a todos os membros da família.

Foram intensos e profundos os sofrimentos que deixaram marcas no coração de Lucinha. A distância, a solidão e a carência afetiva deixam marcas que acompanham toda a vida.

Porém, existiu um fator de suma importância a sustentar seu psiquismo – o amor que permaneceu vinculando-a aos entes queridos, embora distantes. Outro fator que contribuiu para a reestruturação do lar foi a base religiosa dos pais, através da Doutrina Espírita, e isto já fazia notar na formação da personalidade de Lucinha. Freqüentando as aulas de Evangelização, nesta nova fase de sua vida, desde os 7 anos de idade ela pôde absorver as lições edificantes do Evangelho de Jesus, e nas orações em família, no exemplo dos pais, caridosos e trabalhadores, sua participação em obras assistenciais, foram apagando, aos poucos, todas as tristes lembranças de seu coração.

E assim, abençoada pelas lições edificantes que o Espiritismo confere a todos nós, Lucinha, que era triste e deprimida, foi se preparando para vivenciar a programação de vida estabelecida para sua atual reencarnação.

Como podemos observar, são fatores de estruturação do lar e conseqüentemente de todo o grupo familiar:

– o amor;

– a crença em Deus;

– a crença na imortalidade da alma;

– a fé raciocinada;

– a compreensão da Lei de Deus e de sua Justiça;

– a crença nas vidas sucessivas;

– a aceitação das provas da vida, sem se acomodar ou permanecer na inércia;

– a motivação de um ideal superior;

– a compreensão do real sentido da vida.

Capítulo 27

Todos estes fatores são decorrentes dos recursos valiosos que a Doutrina Espírita nos oferece e possibilitaram àquela mente infantil superar a crise da perda (temporária) do lar dos entes queridos.

Por isso, nunca devemos desanimar. Buscar novas alternativas de vida, lutar e prosseguir vivendo com otimismo e fé, certos de que Deus não desampara a nenhum de seus filhos e todos estamos destinados a um futuro de paz e felicidade, esperando por nosso esforço e participação como seres conscientes e perfectíveis.

28
Lesões na alma infantil

"A infância é marcada, indelevelmente, pelo ambiente doméstico."

O COMPORTAMENTO humano reflete o seu mundo íntimo.

As aspirações do ser, suas necessidades, suas realizações enobrecedoras ou perturbadoras, suas reações ante a adversidade, constituem sua realidade espiritual, seu acervo de conquistas ou fracassos no decorrer das reencarnações.

Traumas e conflitos são situações desencadeadoras e resultantes de vivências atuais e passadas, provocando desequilíbrio e transtornos mentais. Os traumas poderão advir de situações e/ou lidam diretamente com a criança. São indivíduos que não sabem frear e controlar suas emoções, deixando que a ira ou outro vício moral domine seus atos, tornando-os violentos e agressivos.

Entender e administrar melhor nossas emoções, segundo psicólogos modernos, como Daniel

Goleman que defende a importância da inteligência emocional, é fator decisivo no comportamento equilibrado do indivíduo no lar e na sociedade.

Quando essas pessoas são responsáveis, diretamente, pela formação moral e intelectual de crianças, cresce, consideravelmente, a necessidade de se manterem numa linha de equilíbrio emocional compatível com a sensibilidade infantil.

Os traumas na infância afetam profundamente o psiquismo da criança; levando-a à depressão e ao sofrimento. Muitas vezes, não avaliamos a intensidade dos reflexos que determinadas situações poderão causar na mente infantil.

A infância é marcada, indelevelmente, pelo ambiente doméstico.

A família constitui a fortaleza onde a criança se escuda contra o que teme ou julga danoso e a faz sofrer. O lar funciona como um abrigo onde os pais, os familiares e mesmo os serviçais, quando ligados por elos afetivos, constituem o seu mundo de paz, de segurança e de amor.

Quando a criança não se sente protegida no lar, ela fica insegura, triste, medrosa ou agressiva e rebelde. Age como se estivesse chamando a atenção para seu mundo, principalmente quando as coisas não andam bem, em torno de si.

A criança é sensível e perceptiva a este mundo em que vive. Quando determinados componentes da família tentam esconder os fatos, camuflar sentimentos, alterar situações antes estáveis, ela os percebe e se não são verdadeiros e equilibrados na apresentação do que realmente ocorre, ela sofre e se angustia.

Os traumas na infância são causados por múltiplos fatores e de variada intensidade.

As lesões perturbadoras da mente infantil não poderão ser medidas de forma genérica. Os graus de perturbação no psiquismo infantil irão depender do ambiente em que vive, da estrutura familiar na qual está inserido o seu mundo, da gravidade do acontecimento gerador do trauma e da evolução espiritual da criança.

Como situações traumatizantes na infância, destacamos:

- perda dos pais e/ou familiares;
- morte violenta de pessoas da família;
- separação litigiosa dos pais;
- mudanças bruscas no ambiente familiar;
- promiscuidade sexual no lar;
- assédio sexual;
- estupro;
- miséria e abandono;
- violências no lar e no meio social;
- guerras, flagelos da Natureza, incêndios, etc.;

Capítulo 28

- perseguições políticas ou religiosas ao grupo familiar.

Os traumas na infância poderão resultar em transtornos mentais, como ansiedade, fobias, crises depressivas e até perturbações em seu desenvolvimento físico, como enurese, encoprese, tiques, gagueiras, bulimia, anorexia, etc.

Refletirão, certamente, em seu comportamento e na sua vida de relação, como nos adverte a Benfeitora espiritual Joanna de Ângelis:

> Quando se compenetrarem os pais, de que o lar é santuário para a vida humana e não um campo de disputas para a supremacia do ego; quando os adultos se conscientizarem que a educação é um ato de amor e não um meio de intimidar, de descarregar problemas; quando as pessoas entenderem a família como um compromisso dignificador e não um ringue de lutas, as trágicas ocorrências do abuso infantil, pela violência, pela indiferença, pelo estupro, pela miséria em que nasce o ser e a ela fica relegado, cederão lugar à construção de uma sociedade justa, equânime e feliz. Isso porque, a criança maltratada, sob qualquer aspecto que se considere, projeta contra a sociedade o espectro do terror que a oprime, do abandono em que se estertora e, na primeira oportunidade, tentará cobrar pela crueldade, o amor que lhe foi negado.[70]

---

[70] FRANCO, Divaldo P. *Vida, desafios e soluções*. Pelo Espírito Joanna de Ângelis. Salvador (BA): LEAL, 1997. P. 19.

Lesões na alma infantil

Os cientistas sociais têm analisado o que acontece com as crianças durante as grandes crises sociais causadas pelo próprio homem e pelos desastres da Natureza. Observaram que as crianças nas guerras, nas inundações, nos terremotos, nos desastres e que são submetidas a grandes mudanças em seu ambiente familiar, sofrem traumas que irão repercutir em sua vida de relação. Observaram que as crianças que sofreram traumas com estes acontecimentos, mas que continuaram junto à família, suportaram melhor as perdas e as crises sociais. Concluíram que os laços familiares são essenciais no desenvolvimento sadio da criança e a separação dos pais em situações de colapso social agrava o sofrimento e lesa mais profundamente o psiquismo infantil.

O ideal seria que não ocorressem desastres, guerras de extermínio, discriminações e lutas de classes... Que nossas crianças pudessem viver num mundo de paz e fraternidade, sem que o espectro da fome e do desamparo ameaçasse seus sonhos infantis.

29
Rejeições e aversões familiares

SÃO FREQÜENTES, em nossos dias, as rejeições e aversões familiares. No atendimento fraterno aos que buscam a casa espírita, somos defrontados com problemas vivenciais oriundos de relacionamentos difíceis na família e alguns apresentando características mais graves de rejeições e aversões entre pais e filhos, avós e netos, entre irmãos e cônjuges.

Encontramos em *O Evangelho segundo o Espiritismo*, cap. XIV, item 9, algumas considerações sobre este assunto que amargura tantos corações. Santo Agostinho explica de forma simples e objetiva tais ocorrências, dizendo que Espíritos com dificuldades, ainda, em determinados relacionamentos, que aninhavam em seus corações sentimentos de ódio e aversões, após "inaudito esforço" conseguem retornar ao mundo corporal, no seio da família que detestavam. Relata-nos: "(...) O inces-

Capítulo 29

sante contato com seres a quem odiou constitui prova terrível, sob a qual não raro sucumbe, se não tem ainda bastante forte a vontade".[71] É como se explicam esses ódios, essas repulsas instintivas que se notam da parte de certas crianças e que parecem injustificáveis.

Esta é uma explicação que remonta nosso raciocínio à logicidade da teoria das vidas sucessivas e nos induz a uma compreensão maior dos problemas humanos.

Neste mesmo capítulo, o nobre Mentor espiritual apresenta outro argumento: "Formam famílias os Espíritos que a analogia dos gostos, a identidade do progresso moral e a afeição induzem a reunir-se. Esses mesmos Espíritos, em suas migrações terrenas, se buscam para se gruparem, como o fazem no Espaço, originando-se daí as famílias unidas e homogêneas (...). Mas, como não lhes cumpre trabalhar apenas para si, Deus permite que Espíritos menos adiantados encarnem entre eles (...). Esses Espíritos se tornam, por vezes, causa de perturbação no meio daqueles outros, o que constitui para estes a prova e a tarefa a desempenhar".[72]

Os mesmos argumentos emprega Dora Incontri em seu excelente livro *A educação segundo o Espiritismo*, quando nos diz:

---

[71] KARDEC, Allan. *O Evangelho segundo o Espiritismo*. 66. ed. (especial). Rio de Janeiro: FEB, 1976. Cap. XIV, item 9, 4º parágrafo.

[72] Id., Ib., cap. XIV, item 9, 11º parágrafo.

Outra explicação inédita que o Espiritismo nos aponta é a lei da reencarnação. Como pai e filho, irmão e irmã, avô e neto, podem nascer adversários ferrenhos do passado. E neste caso, a convivência cotidiana deve ser justamente a oportunidade de reconciliação e ajuste. Quando o pai ou a mãe percebem num filho uma aversão inata, uma antipatia inexplicável, podem estar certos de que a relação atual é preciosa ocasião para reajuste de ódios anteriores.[73]

O amor sincero evidenciado em atitudes de compreensão, de apoio e atendimento incondicional às necessidades da criança age como suporte na formação moral do ser em desenvolvimento. Mesmo quando sentimos no coração o desencanto, a dor da ingratidão, da indiferença, encontramos no amor o bálsamo cicatrizante das feridas da alma. Ele nos reconfortará e atingirá o coração dos que ferem ou rejeitam nosso carinho e a nossa dedicação.

Os pais e educadores, quando defrontados com problemas no relacionamento com as crianças que inspirem sentimentos de aversão ou rejeição, devem buscar na prece, no diálogo sincero e construtivo as condições essenciais para estabelecer um entendimento mais amplo.

A atitude dos pais com relação à criança que se sinta rejeitada deverá ser mais reforçada nos exemplos de amor e dedicação constantes.

---

[73] INCONTRI, Dora. *A educação segundo o Espiritismo*. 2. ed. São Paulo: FEESP, 1998. P. 195.

Capítulo 29

Entretanto, não confundir amor e respeito às crianças com submissão aos seus desejos e imposições descabidas. Dizer não quando necessário e refrear os maus instintos, agir energicamente mas com equilíbrio e desejo sincero de ajudar, são aliados eficazes neste terreno difícil no trato com os filhos – problemas e rebeldes. O amor, contudo, será sempre o mediador nesta ação disciplinar.

Crianças seguras e independentes, geralmente, têm pais competentes, amadurecidos e amorosos, que respeitam a liberdade infantil dentro dos limites estabelecidos pela faixa etária, mas mantêm atitudes firmes, dando sempre explicações claras e precisas de suas decisões.

O diálogo, em quaisquer circunstâncias, é o veículo da compreensão e da fraternidade, se escorado no amor e atitudes sinceras.

Joanna de Ângelis, em seu livro *Amor, imbatível amor*, psicografia de Divaldo P. Franco, nos fala: "A infância, construtora da vida psicológica do ser humano, deve ser experienciada com amor e em clima de harmonia, a fim de modelá-lo para todos os futuros dias da jornada terrestre".[74]

Nas rejeições e aversões familiares, cujas causas remontam às vidas passadas, os recursos que a Doutrina Espírita nos concede são importantes na

---

[74] FRANCO, Divaldo P. *Amor, imbatível amor*. Pelo Espírito Joanna de Ângelis. Salvador (BA): LEAL, 1998. P. 69.

terapia e compreensão, das ocorrências ligadas aos relacionamentos difíceis no grupo familiar.

Em algumas circunstâncias, as aversões e rejeições familiares poderão ser ocasionadas por indução espiritual. A criança sofre a perseguição de um Espírito (desabafo do passado) que, através da mãe ou outro familiar, causa sofrimento à criança e distúrbios na harmonia familiar. Vejamos o que diz a questão 891, em *O Livro dos Espíritos*:

> Estando em a Natureza o amor materno, como é que há mães que odeiam os filhos e, não raro, desde a infância destes?
>
> Às vezes, é uma prova que o Espírito do filho escolheu, ou uma expiação, se aconteceu ter sido mau pai ou mãe perversa, ou mau filho noutra existência. Em todos os casos, a mãe má não pode deixar de ser animada por um mau Espírito que procura criar embaraços ao filho, a fim de que sucumba na prova que buscou. Mas, essa violação das Leis da Natureza não ficará impune e o Espírito do filho será recompensado pelos obstáculos de que haja triunfado.[75]

Com relação a essa problemática, somente a Doutrina Espírita oferece a compreensão necessária e os recursos de atendimento através de métodos e terapias usualmente empregadas em nossas casas espíritas.

---

[75] KARDEC, Allan. *O Livro dos Espíritos*. 74. ed. Rio de Janeiro: FEB, 1994.

Ressaltamos, ainda, o relacionamento equilibrado entre mãe e filho, como essencial no campo da afetividade, e a ausência desse sentimento irá perturbar, consideravelmente, o desenvolvimento da criança.

Neste contexto avulta o amor materno como a luz permanente no caminho dos filhos, confiados à sua guarda e proteção!...

30
O papel do lar na minimização da agressividade infantil

FILHOS REBELDES e agressivos que apresentam, desde a primeira infância, distúrbios de comportamento, trazem inquietação e sofrimento para o grupo familiar.

Os pais sonham com os filhos dóceis e sensatos, meigos e cordatos, que completem a felicidade da família... E quando a criança começa a despertar a sociabilidade, tomando conhecimento do mundo que a cerca, apresenta-se agressiva, quebrando brinquedos, batendo nos irmãos, destruindo objetos da casa, tentando, através de gestos irritados e choros convulsivos que se prolongam, chamar a atenção para si, desejando ser obedecida em todos os seus desejos. Apresenta-se birrenta e muitas vezes hostil, demonstrando seu descontentamento e sua irritação para com todos que dela se aproximem...

Capítulo 30

Os pais ficam desesperados!

Os demais familiares aconselham as mais diversas terapias e atitudes para mediar ou sanar esta agressividade. Entretanto, muito pouco se consegue para solucionar a problemática da criança agressiva, de forma empírica com sugestões caseiras.

Como agir?

Como atenuar esta situação que tanto incomoda a todos?

Agindo com equilíbrio e sensatez e não se deixando subornar por todas as exigências da criança. Principalmente, buscar o aconselhamento médico (no caso um neurologista) para detectar alguma lesão cerebral ou outra anomalia que justifique tal procedimento infantil. Paralelamente a este atendimento específico, o apoio de um psicólogo ajudará aos pais e familiares com relação às atitudes mais corretas no relacionamento com filhos agressivos, orientando-os e apresentando soluções que diminuam a ansiedade e as excessivas preocupações de todo o grupo familiar.

Agindo criteriosamente, a família terá, além das orientações médica e psicológica cabíveis, todos os recursos que a Doutrina Espírita oferece para atender às crianças portadoras de agressividade, cujo comportamento tanto preocupa os familiares.

Allan Kardec, na questão 385 de *O Livro dos Espíritos*, explica:

As crianças são os seres que Deus manda a novas existências. Para que não lhe possam imputar excessiva severidade, dá-lhes ele todos os aspectos da inocência. Ainda quando se trata de uma criança de maus pendores, cobrem-se-lhe as más ações com a capa da inconsciência. (...)

Não foi, todavia, por elas somente que Deus lhes deu esse aspecto de inocência, foi também e sobretudo por seus pais, de cujo amor necessita a fraqueza que as caracteriza. Ora, esse amor se enfraqueceria grandemente à vista de um caráter áspero e intratável, ao passo que, julgando seus filhos bons e dóceis, os pais lhes dedicam toda a afeição e os cercam dos mais minuciosos cuidados. (...)

E, ainda, nesta questão enfatiza:

"A infância ainda tem outra finalidade. Os Espíritos só entram na vida corporal para se aperfeiçoarem, para se melhorarem (...). Nessa fase é que se lhes pode reformar os caracteres e reprimir os maus pendores".[76]

Em se tratando de crianças agressivas, os cuidados deverão ser redobrados e os pais deverão saber agir com energia, mas procurando amar incondicionalmente os filhos-problemas, para que eles se sintam seguros e protegidos.

Somente o amor e o carinho do grupo familiar poderá minimizar os fatores causais que remon-

---

[76] KARDEC, Allan. *O Livro dos Espíritos*. 74. ed. Rio de Janeiro: FEB, 1994.

tam às vidas passadas, responsáveis pela baixa auto-estima, pelos complexos e comportamento difíceis das crianças agressivas.

O caminho para o comportamento criminoso tem início antes da adolescência: a má relação com os pais, a baixa auto-estima e o insucesso escolar propiciam um comportamento anti-social. Por isso, a intervenção antes dos 5 anos de idade propiciará uma maior higiene da saúde mental da criança. Ainda, a religião, quando introduzida precocemente na vida, propiciará uma segurança em se fazer escolhas, e ao chegar à adolescência pode o jovem assumir, com responsabilidade, as suas atitudes.[77]

Enfatizamos aqui a necessidade da evangelização da criança como um recurso inestimável e insubstituível, por levar até sua mente as informações sublimes do Evangelho de Jesus, cujos fatos e lições edificantes agem profundamente na formação moral do espírito. Estas instruções o acompanharão por toda a vida, ajudando-o a sobreviver e a vencer suas más inclinações.

No relacionamento dos pais e familiares com a criança agressiva, a melhor terapia e a mais eficiente é "amar", incondicionalmente.

Analisando a criança agressiva como um ser que traz uma bagagem espiritual, muitas vezes, comprometida com vícios e erros outrora perpetrados,

---

[77] ABUJADI, Suely. *Folha Espírita*, "Adolescentes violentos", agosto de 1997.

veremos naquele corpo frágil um Espírito cujos valores morais ainda desconhecemos.

Procuremos entender, pacientemente o que se passa no íntimo da criança, reconhecendo que as causas poderão ser anteriores ou atuais. E, se, porventura, não as possamos avaliar, busquemos ajuda psicológica e médica adequadas, seguindo as orientações destes profissionais com critério e confiança.

Cuidemos, principalmente, do ser espiritual, aplicando os recursos valiosos que a Doutrina Espírita oferece através da Evangelização, da fluidoterapia, das irradiações espirituais realizadas nas Reuniões Mediúnicas e, sobretudo, usemos a "amorterapia" que o coração materno sabe usar sobejamente, cujo poder é eficaz e insubstituível.

31
No lar do coração

> "...*A tempestade é fora das portas.*
> *Dentro – por dentro de nossa casa de paz e amor –*
> *Jesus é o orientador permanente, embora invisível.*"[78]
>
> BEZERRA DE MENEZES

NAS HORAS difíceis, oremos – parece tão repetitiva a frase que acostumamos a ouvir em nossas tarefas no centro espírita, nas leituras edificantes, nas palestras que ouvimos, ao longo da vida... Entretanto, quando a dor nos visita o coração, quando estamos paralisados ante acontecimentos graves, como enfermidades de entes queridos, quando defrontamos perdas ou separações é que valorizamos os recursos espíritas que nos chegam como bênçãos dos céus, a minimizar nosso sofrimento, amenizando a dor e a angústia de nosso mundo íntimo.

---

[78] XAVIER, Francisco C. *Bezerra, Chico e você*. Pelo Espírito Bezerra de Menezes. 9. ed. São Bernardo do Campo (SP): Grupo Espírita Emmanuel Editora, 1998. P. 118.

Capítulo 31

Em momento assim, de provações e dores acerbas, sentimos o valor do Espiritismo em nossas vidas, a serenidade que a certeza do amparo espiritual nos concede e o imperativo do conhecimento da Lei Divina, facultando-nos a compreensão e o discernimento.

Foram 40 dias vivenciados dentro de um hospital, onde o companheiro de longa convivência no lar sofrera grave acidente de trânsito, com traumatismo craniano, estando por diversas vezes no limiar da desencarnação, sendo assistido por médicos abnegados dos dois planos da vida.

Os recursos espíritas foram usados de forma constante, graças à boa vontade dos companheiros da Casa Espírita, e sentíamos as vibrações de amor, de carinho, de apoio fraterno que chegavam até nós através dos gestos de amor e solidariedade de todos os que acompanhavam nosso sofrimento.

Conhecedores de que nenhuma dor nos chega sem que tenhamos capacidade de suportá-la e que a responsabilidade ante a vida e nossos atos de hoje e do passado são necessidades no caminho da evolução, compreendíamos, a todo momento, que a resignação ante os desígnios de Deus seria o caminho mais fácil para mantermos a serenidade íntima, tão importante nestes momentos.

Eu e meus filhos decidimos que iríamos superar os problemas que se avolumavam a cada semana, com graves intercorrências clínicas dificultando a recuperação, enfrentando-os a cada dia, orando e buscando os recursos materiais e os espirituais. Cada problema seria solucionado a cada dia e não iríamos pensar no dia seguinte, porque não teríamos condições mentais de superá-los, canalizando nossas energias no suporte necessário ao enfermo querido.

Nas madrugadas silenciosas, observando a cidade acordar, aos poucos, quando o Sol vencia as brumas da noite, agradecíamos a Deus, mais um dia de vida... Os dias passavam tão céleres, cada minuto era precioso e aprendemos com a dor a valorizar, ainda mais, a vida, o quanto é dadivosa a Natureza... Como a bênção de tudo o que nos cerca, na renovação constante de cada amanhecer nos leva a prosseguir, absorvendo novas energias...

Ficamos tão próximos do limiar da grande transição para o plano espiritual e, ao mesmo tempo, sentíamos a vida pulsar lá fora, na cidade que se movimentava, nas pessoas que caminhavam para o trabalho, na engrenagem da vida hospitalar que com suas rotinas levaram conforto e assistência a todos que ali se abrigavam.

Os contrastes se repetiam a cada dia – na criança que nascia ante o júbilo dos familiares e no choro da despedida dos que vêem seus entes queridos partirem para o plano espiritual...

Capítulo 31

Nestes dias difíceis, quando a dor nos visita o coração, sentimos a grandeza do amor de Deus, nos gestos mais simples, mas tão importantes, dos que nos amparam, no apoio fraterno dos amigos e irmãos de crença, dos familiares, nas páginas consoladoras que nos confortam e estimulam a ter paciência, a manter um padrão vibratório mais elevado, a confiar... Aos poucos, as lágrimas vão se escasseando, voltamos a sorrir, a fazer planos como se retornássemos de um país desconhecido para muitos, onde a dor, o infortúnio, a angústia se fazem constantes, mas nos sentimos abastecidos pela presença amorosa dos mentores espirituais, dos espíritos familiares, em vibrações de paz que nos envolviam a cada momento, concitando-nos à prece, à meditação mais profunda... E nas horas de desprendimento pelo sono, os encontros espirituais nos motivaram a prosseguir com fé e coragem, embora as dificuldades do dia-a-dia...

Agora, já em nosso lar, muitas lutas, ainda, deverão ser vencidas... A recuperação será lenta, mas somos gratos a Deus por tudo o que recebemos, e pedimos a todo instante a paciência e a coragem para prosseguir atendendo a todos os deveres que o lar nos conclama, sem descuidar dos outros deveres na casa espírita que é o oásis de bênçãos para nossa vida e a oportunidade de crescimento espiritual no trabalho de redenção.

É no recanto doméstico, seja no setor do trabalho ou do ideal, do afeto ou da família que identificamos a nossa primeira escola. Suportemos valorosamente as provas que a vida nos imponha, junto daqueles que nos amam ou que devemos amar (...). (Bezerra de Menezes.)[79]

Um grande amigo espírita, hoje já no mundo espiritual, ensinou-me a escrever com o coração e tenho me esforçado neste sentido. Por isso falei dessa experiência, na qual desejo ressaltar o valor do conhecimento espírita, das lições do Evangelho de Jesus em nossas vidas e, principalmente, como somos gratos pelos amigos e familiares que, na atual existência, enriquecem nossos dias.

Um livro espírita, em especial, confortou meu coração nos momentos mais tristes... Eu lia e relia suas páginas e suas palavras caiam como bálsamo em minha alma dorida: *Corações em luz*, de Regis de Morais. Vou repetir um trecho, onde o autor analisa a prece de uma camponesa de Madagáscar: "Que o vosso amor acenda a chama que eu acendi pela manhã e me faça calar a vontade de gemer, às vezes, minha tristeza".[80]

E, com propriedade, o autor comenta: "Viver é sentir crepitar no mais profundo de nós as labaredas da fé que erguem, contra todos os desesperos, a esperança".[81]

---

[79] Id., Ib., p. 96.
[80] MORAIS, Regis de. *Corações em luz*. Campinas (SP): Allan Kardec, 2003. P. 112.
[81] Id., Ib., p. 113.

Uma pequena semente

CORRIAM OS dias de etanim, sétimo mês do calendário judaico, época em que, no aproveitamento das primeiras chuvas, preparava-se a terra para a semeadura.

Ali naquelas plagas, nas encostas férteis a se estenderem do vale do Jordão para a região montanhosa de Jezreel, vamos encontrar famílias inteiras entregues à faina no plantio de grãos.

Um homem, de beleza invulgar, assentado sobre pequena saliência à beira de caminho estreito, lança o olhar sobre aquelas gentes, como a envolvê-las em radiosas vibrações de estímulo e paz. A brisa perfumada, aquecida pelo sol do alvorecer, soma-se àquela expansão de ternura, veiculando as irradiações vigorosas, porquanto, respirando a longos haustos, todos parecem redobrar a alegria no desempenho da tarefa que lhes exige considerável esforço.

Estamos um pouco além de Tiberíades, na Palestina, direção sul, e o homem é Jesus. Ia da Galiléia a Jerusalém, cumprindo a vontade do Pai, no trabalho que Ele lhe confiara, e fazia-se acompanhar de alguns seguidores mais próximos. Naquele instante, porém, estava só. Mas, eis que chega um rapazinho sorridente e expectante, o qual, abraçando o Amigo, diz:

— *Senhor, não descansaste de ontem? É tão cedo ainda, e nossas jornadas têm sido por demais cansativas!...*

— Apraz-me, João, olhar os homens que começam o trabalho nas primeiras horas do dia... Alegra-me vê-los arrotear a terra e lançar ao solo as sementes, confiando nas bênçãos do Pai e estendendo o bem que podem. E esse trabalho, antes de resultar em alimentação para o corpo, lhes sacia, sem que o saibam, a fome de crescimento para Deus...

O jovem discípulo, colorindo de ternura o olhar, põe-se também a observar os agricultores, até que, decorridos alguns minutos, volta a falar:

— Senhor, sinto-me às vezes como uma pequena semente lançada na gleba do mundo... E ouvindo-te dizer, como freqüentemente o afirmas, quão deveremos sofrer por amor ao teu nome e à tua mensagem, suportando as agressões de tantos e de fatores tão adversos — como o são para a semente a solidão, o escuro, o peso e a umidade ou secura da terra, tenho, não raro, a impressão de que não conseguirei vencer...

Afagando-lhe os cabelos revoltos, encoraja-o Jesus:

– É natural que experimentes este estado de vez em quando; não, porém, que nele te demores. És de fato semente divina, João, a necessitar das pressões e mesmo das adversidades do mundo, a fim de que desabroches, pelo esforço paciente e operoso, em flores de luz e frutos de progresso. Confias em mim?

– Como deixar de acreditar-te, Senhor, se a Verdade que te flui da alma e se espalha pela tua voz, me há suscitado e sustentado todos os mais belos sonhos e anseios? Tuas promessas são vida para minha vida!...

Levantando-se a sorrir, Jesus estende a mão ao jovem amigo que, presto, se põe de pé, e, abraçados, vão a percorrer o estreito caminho que os faria se juntarem aos companheiros, no rumo da Jerusalém conturbada...

...

Reportamo-nos a esta pequena história para tecer comentários sobre o trabalho de nossa irmã Lucy Ramos, seareira da divulgação espírita no uso da palavra escrita.

Semente minúscula quanto todos nós, e igualmente herdeira do germe da Perfeição, tem se dedicado à companheira, com suave e gentil perseverança, a cultivar suas potencialidades divinas, sobrepondo-se ao temor das lutas ásperas, ao comodismo dos que não acordam com o alvorecer, à ansiedade dos que não conquistaram, ainda, a esperança que se nutre da fé inabalável.

Ler seus artigos, neles meditar, estudá-los é atestado de sabedoria, porquanto suas ilações em torno da Mensagem Cristã-Espírita vêm permeadas do aprendizado amadurecido em sólidas e bem vividas experiências.

Partilhar deste livro, no pórtico de um capítulo, trazendo nossa impressão de seu rico trabalho, querida Lucy, é honra que nos enriquece.

Obrigada por mais esta feliz oportunidade!

ALCIONE ANDRIES LOPES

32
Filhos de Deus

EM BELÍSSIMA mensagem com o título acima, que toca profundamente os nossos corações, a Mentora espiritual Joanna de Ângelis chama-nos a reflexões em torno de nossa filiação divina, condição nem sempre considerada por muitas criaturas.

Contemplando a beleza de tudo o que nos cerca, desde a singeleza da flor silvestre às mais exuberantes maravilhas da Natureza, somos impelidos a indagações que nos levam a esta significativa verdade espiritual: somos filhos de Deus e herdeiros da vida em toda a sua magnificência.

A Natureza com seu equilíbrio demonstra-nos, a cada instante, a grandiosidade de Deus por tudo o que nos chega em bênçãos e oportunidades, de descobrir a beleza e a simplicidade das flores, da chuva que fertiliza a terra, do Sol iluminando e aquecendo nossos caminhos, do céu estrelado emoldurando a noite... Em toda a Natureza há paz e harmonia... Somente o homem, com sua visão

Capítulo 32

limitada das coisas eternas e perenes, contrasta com este equilíbrio, mantendo-se indiferente à sua realidade espiritual, desequilibrando a Terra que o acolhe, retardando a conquista da paz e da felicidade.

A certeza de que somos filhos de Deus nos dá a confiança e a serenidade para prosseguir vivendo, embora os contratempos, as crises e os dissabores que chegam invadindo nosso mundo íntimo, levando-nos ao desencanto, à tristeza e à melancolia...

Falar da beleza de tudo o que nos cerca, Criação Divina para a felicidade do ser humano, seria um contra-senso ante as desastrosas ocorrências dos dias atuais? Diante da calamidade, da violência, dos desastres ecológicos, dos flagelos da Natureza, poderá o homem visualizar a outra face desta riqueza imensurável com que o Pai Celestial nos felicita a alma?

Creio que sim.

Somente vislumbrando o lado positivo da vida, tendo a compreensão maior em torno das Leis Divinas, sábias e irrevogáveis, alcançaremos a harmonia íntima, avaliando os acontecimentos sem perder a fé e a confiança em Deus, alimentando a esperança em dias melhores.

Diz-nos a Mentora espiritual que:

o Espírito pacificado pode ser comparado ao solo que foi trabalhado demoradamente, arrancando-lhe escalracho e urze, drenando cursos violentos de água e semeando, em derredor, sebes protetoras para que as plantas do seminário novo possam desenvolver-se com harmonia, em direção ao alto.[82]

Para um bom desempenho vivencial, o ser humano terá que buscar a reflexão em torno dos valores do espírito, a introspecção e o autoconhecimento. Canalizar as emoções com equilíbrio e entender que o pensamento é força viva e atuante que exterioriza nossos sentimentos ante as ocorrências da vida.

Quando nos acomodamos às situações sem nada para alterar ou melhorar os fatos, anestesiamos nossas potencialidades de reação, bloqueamos nossa capacidade de agir ante o dever, e isso lamentavelmente só nos trará desenganos e frustrações.

Acordar, estar desperto ante a realidade existencial é atitude digna dos filhos de Deus, tornando-nos merecedores das bênçãos da vida.

Conta-nos um pensador oriental que quando o príncipe Sidarta Gautama fez-se Buda, após uma de suas preleções educativas, foi interrogado por um discípulo: – Senhor, já encontrastes Deus? E se o defrontardes, onde Ele se encontra?

Buda meditou uns instantes e respondeu ao aluno que aguardava ansioso sua palavra iluminada: –

---

[82] FRANCO, Divaldo P. *Florações evangélicas*. Pelo Espírito Joanna de Ângelis. 3. ed. Salvador (BA): LEAL, 1987. P. 67.

Capítulo 32

Após penetrar na realidade de mim mesmo, encontrei Deus no mais íntimo do meu ser, em grandiosa serenidade e ação dignificadora.

Portanto, prezado leitor, se o Pai se encontra tão atuante e perto de nós quando entendemos nossa filiação divina, embora não o vejamos, resta-nos senti-lo em toda a sua grandiosidade nas belezas da vida atuante que nos envolve em cascatas de luz, exaltando sua presença e seu imensurável amor.

Todavia, se o conhecimento exato da presença de Deus em sua vida ainda não vige em sua mente necessitada de fé e compreensão, reflete e analisa tudo o que o cerca em forma de bênçãos e benefícios, sem que você se esforce para merecê-los...

Reconsidera as riquezas ilimitadas da Natureza a cada novo dia, envolvendo-te o ser como mãe carinhosa e entenderás a infinita Bondade de Deus para com seus filhos, mesmo os mais distraídos ante os deveres e os objetivos da vida, entendendo que ninguém está à mercê dos acontecimentos. Todos estamos interligados pela mesma origem e destinação espiritual.

Lembrando as palavras animadoras de Emmanuel, nestes dias de crises e inquietações, repetimos:

Enriquece os teus fatores de simpatia pessoal, pela prática do amor fraterno.

Busca a intimidade com a sabedoria, pelo estudo e pela meditação.

Não manches teu caminho.

Serve sempre.

Trabalha na extensão do bem.

Guarda lealdade ao ideal superior que te ilumina o coração e permanece convicto de que se cultivas a oração da fé viva, em todos os teus passos, aqui ou além, o Senhor te levantará.[83]

---

[83] XAVIER, Francisco C. *Fonte Viva*. Pelo Espírito Emmanuel. 21. ed. Rio de Janeiro: FEB, 1997. Cap. 86.

33
Ainda é tempo?

REVERENCIANDO A figura humanitária de Herbert de Souza – Betinho – refletimos em torno de seu pensamento ético ante os infortúnios morais e materiais que assolam grande parte de nossa sociedade.

É ético aceitar a fome, a miséria social e moral, o desemprego?

Foi para encontrar respostas a esta indagação que Betinho trabalhou intensamente durante seus últimos anos de vida física. Com a "Ação da Cidadania contra a Miséria e pela Vida", ele mobilizou milhões de pessoas, partindo da concepção de que a fome e a miséria não são desgraças naturais e sim efeitos de uma política social deficitária e unilateral que favorece o crescimento econômico em detrimento do humano. Ele desafiou o mundo com seu olhar ético.

Buscando na humanização do homem a solução para os graves problemas sociais, ele conseguiu

Capítulo 33

sensibilizar muitos corações e despertar muitas consciências.

Esta consciência ética, este despertar de nossos sentimentos com relação ao outro, diz respeito a cada um de nós. Consoante a visão espírita ele buscou nos princípios morais da igualdade e da verdade a estrutura capaz de despertar no ser humano a solidariedade e a compaixão.

Esta tem sido a filosofia espírita, preocupada em combater o egoísmo e o desrespeito ao próximo através da educação moral e da humanização do ser humano.

É comum o despertar da generosidade humana quando flagelos destruidores e calamidades se abatem sobre a Humanidade... Quando acidentes de grande vulto abalam a estrutura social, somos envolvidos pela onda de comiseração generalizada e isto nos leva a gestos de altruísmo e abnegação temporários. Entretanto, é difícil, para a maioria das pessoas, manter em seu dia-a-dia, a solidária contribuição aos que sofrem no abandono, desprotegidos e marginalizados...

Ainda é tempo de atender a tantas misérias?

Ainda podemos deter a onda de violência, de fome, de destruição causada pelas drogas e seu tráfico nefasto?

Numa visão otimista e confiante nas Leis de Deus, diríamos que sim.

É tarefa urgente mas de difícil desempenho para os cristãos descuidados e esquecidos do "Amai-vos uns aos outros".

É clara e objetiva a mensagem do Evangelho de Jesus, que repousa neste princípio básico da moral cristã. Diz-nos a Benfeitora espiritual Joanna de Ângelis, que "o milagre da vida chama-se amor. Quando crescemos em espírito, lamentamos tardiamente a mesquinhez em que teimávamos permanecer".[84]

Com este pensamento da nobre Mentora espiritual, acreditamos que ainda é tempo para ajudar e socorrer os que sofrem as agruras da vida terrena.

Assim, nos tempos atuais, apesar da visão pessimista que grassa em muitos corações, assistimos a movimentos de solidariedade através de entidades filantrópicas não governamentais, religiosas e até mesmo ações comunitárias estatais, trabalhando na erradicação da miséria social.

Entretanto, ainda, é muito pouco o interesse e a conscientização da sociedade em geral em torno destes graves problemas sociais, principalmente daqueles que agem com indiferença como se a dor e o infortúnio não pudessem acontecer com um ente querido ou consigo mesmo.

---

[84] FRANCO, Divaldo P. *Florações evangélicas*. Pelo Espírito Joanna de Ângelis. 3. ed. Salvador (BA): LEAL, 1987. P. 128.

Capítulo 33

É grave a onda avassaladora de violência que intimida a todos nós. Não podemos subestimar o quadro atual em que se apresenta o grande número de pessoas, de todas as classes sociais, dependentes de drogas.

A toxicomania atinge números alarmantes, principalmente, entre os adolescentes. Em conseqüência, a violência nesta faixa etária tem índices alarmantes, com homicídios e mortes por acidentes, dizimando jovens e interrompendo a vida que apenas floresce... A mídia registra todos os dias a preocupação dos pais e professores com o tráfico de drogas nas proximidades das escolas. Muitos sabem mas receiam apontar responsáveis.

Como lutar contra tal calamidade?

O que se pode fazer ante o poder dos que propagam o uso das drogas e se enriquecem destruindo vidas?

Realmente, não é tarefa fácil a erradicação do tráfico de drogas.

Conscientizar a cada um deste grave mal social e levá-lo a uma postura ética e responsável, demanda tempo, e nem todos estão preparados para enfrentar este grave problema.

Diz-nos Camilo, através da psicografia de Raul Teixeira, em capítulo específico a este assunto, que:

> Só a educação tem o poder de transformar esta caótica situação, pelo motivo de que se torna im-

Ainda é tempo?

possível manter uma guarda permanente junto a cada lar ou a cada pessoa, sabendo que as drogas, nas suas multifaces, hão penetrado o convívio doméstico, arrebatando aí os familiares desprevenidos ou profundamente perturbados, da percepção ingênua, desatenta ou indiferente daqueles que deveriam ser seus guardiões.[85]

Compreendendo que a toxicomania se instala, principalmente, nas almas enfermas, frágeis, atormentadas por conflitos, trazendo de outras vidas o condicionamento que facilita o processo de dependência física e psíquica de alcoólicos e demais drogas, reconhecemos o valor da educação moral, da evangelização do ser desde a infância, como profilaxia indispensável.

Antes que a morte social segregue e aniquile o irmão que se perdeu nos labirintos da dependência e do vício, há de se pensar e buscar o apoio fraterno, a ajuda médica e psicológica tentando reerguê-lo e induzi-lo a uma opção de vida mais digna e humana.

É dever de todos os cristãos responsáveis!

---

[85] TEIXEIRA, Raul J. *Educação e vivências*. Pelo Espírito Camilo. Niterói (RJ): FRÁTER, 1993. P. 50.

34
Orgulho e perdição

No CAPÍTULO VII de *O Evangelho segundo o Espiritismo*, Allan Kardec tece comentários objetivos e esclarecedores de um dos itens do Sermão da Montanha (*Mateus*, 5:3) cujo entendimento causa dúvidas e distorções aos que desconhecem o sentido das palavras de Jesus.

"*Bem-aventurados os pobres de espírito, pois deles é o Reino dos céus.*"

Na visão lúcida de Allan Kardec, pobres de espírito não são os desprovidos de inteligência, os mentalmente medíocres, mas os humildes, aqueles que já não trazem a impureza do orgulho e a presunção da vaidade a lhes impedir o crescimento espiritual.

O orgulhoso não consegue entender o sentido da vida em sua amplitude espiritual porque todo o conhecimento que julga possuir o eleva acima de todos e esta superioridade o impede de visualizar na

Capítulo 34

humildade da crença e da fé os apanágios do homem de bem, daqueles que já venceram em seu mundo íntimo o egoísmo e o desejo de supremacia na Terra.

A promessa de Jesus nos leva a refletir em torno da *simplicidade de coração e humildade de espírito*, tão raras nos corações daqueles que se debatem no mundo atual, evidenciando como privilégios e vantagens os bens de consumo, as posições sociais elevadas, a notoriedade, o sucesso material em detrimento da riqueza do espírito imortal.

Muitos homens de cultura deixaram-se levar pelo orgulho e pela vaidade, negando a existência de Deus, da imortalidade da alma, buscando na teoria materialista a base de tudo o que ele percebe com seus sentidos físicos e, algumas vezes, até ironizando os que crêem, os que admitem a imortalidade da alma.

Até no meio espírita, mesmo acreditando na vida espiritual, em Deus e nos princípios doutrinários, alguns se deixam levar pela vaidade e se sentem orgulhosos de tanto saber, menosprezando os mais humildes, não admitindo a possibilidade de uma pessoa mais simples ser dotada de mais sabedoria e mais experiência de vida.

Com esta atitude orgulhosa perdem inúmeras oportunidades de aprendizado. As lições e experiências de vida que somente o tempo pode conceder aos que são humildes.

Kardec evidencia a humildade como uma das condições da felicidade humana. Pela simplicidade do coração daquele que é humilde, pela busca das coisas essenciais da vida ele tem maiores possibilidades de ter paz e vivenciar a promessa de Jesus, porque o "Reino de Deus" está no coração de quem ama e vive com serenidade íntima.

"Não vos ensoberbais do que sabeis, porquanto esse saber tem limites muito estreitos no mundo em que habitais."[86]

Como espíritas estaremos, realmente, vivenciando estes ensinamentos?

Por que a presunção de tudo saber, se não conseguimos, ainda, superar os maiores entraves à nossa evolução espiritual – o orgulho e o egoísmo? Bezerra de Menezes, numa de suas mensagens através de Chico Xavier, fala da necessidade de nos colocarmos mais atentos às conquistas espirituais, exercitando o amor e a compreensão na solução dos problemas humanos:

> Unicamente a fé, mobilizada em trabalho, pode atingir as realizações puras do amor, para que o amor nos presida os destinos. Comecemos semelhante ação a partir dos nossos mais íntimos redutos de vivência humana.[87]

---

[86] KARDEC, Allan. *O Evangelho segundo o Espiritismo*. 66. ed. especial. Rio de Janeiro: FEB, 1976. Cap. VII, item 13.

[87] XAVIER, Francisco C. *Bezerra, Chico e você*. Pelo Espírito Bezerra de Menezes. 9. ed. São Bernardo do Campo (SP): Grupo Espírita Emmanuel Editora, 1998. P. 95.

E nos dias atuais, precisamos de amor e compreensão, de fraternidade e união na busca da solução de tantos problemas que nos afligem...

Bem-aventurados, portanto, os que já se libertaram dos jugos da matéria, os simples de coração que já têm em seu âmago a felicidade que o "Reino dos céus" propicia, livres do egoísmo e da vaidade.

Os pobres de espírito já estão livres da escravidão do ego. As forças do egocentrismo não toldam sua visão do verdadeiro sentido da vida. Busca em sua linha ascensional a pureza do coração, que nas bem-aventuranças Jesus coloca como a promessa de "ver a Deus". Identificar-se com as coisas do espírito, sobrepor-se à matéria que embrutece o ser e dificulta sua libertação espiritual.

Estes valores morais são eternos e os "pobres de espírito", os simples e humildes não se ensoberbecem com suas conquistas, porque já se despojaram do desejo de posse dos bens materiais, da riqueza intelectual, da soberba e da presunção que o ser humano carrega em detrimento do ser espiritual.

35
Momentos difíceis

"A felicidade é, portanto, uma forma de viver e, para que se torne permanente, é necessário que seja adquirido o nível de consciência do espírito, e isto começa quando se descobre e se atenta para o que realmente se deseja da vida além dos níveis imediatos do gozo e do prazer."[88]

A BENFEITORA espiritual Joanna de Ângelis nos fala com propriedade que os problemas humanos ou desafios existenciais fazem parte do organograma da evolução. Sem esses impulsos libertadores ficaríamos retidos sob as amarras do egoísmo, do excessivo apego aos bens materiais, lutando tão-somente pela sobrevivência física na busca dos valores indispensáveis que nos dão tranqüilidade e bem-estar. Ficaríamos estagnados, acomodados com os bens essenciais da vida material sem nos preocuparmos com os valores espirituais.

---

[88] FRANCO, Divaldo P. *O ser consciente*. Pelo Espírito Joanna de Ângelis. Salvador (BA): LEAL, 1993. P. 142.

Capítulo 35

Qualquer perda ou mudança que nos busque ante os desafios do caminho, levam-nos às preocupações excessivas, à intranqüilidade mental, gerando inquietações e desar.

As reações humanas ante o sofrimento da perda, das limitações físicas impostas pela enfermidade orgânica são variáveis, porque dependerão do grau evolutivo do ser. Alguns aceitam com serenidade as lutas e os desafios procurando vencê-los com resignação e esperança, outros, ao contrário, reagem com impaciência, revolta e agressividade, agravando, ainda mais, seus tormentos íntimos.

A Doutrina Espírita oferece recursos que amenizam os infortúnios e as dores, desde que saibamos utilizá-los com fé e aceitação da Lei Divina.

Entretanto, será sempre indispensável a colaboração de cada um no enfrentamento das dores motivadoras do crescimento espiritual. E nem sempre isso é facilitado por inúmeros contingentes da vida...

Joanna de Ângelis relata que:

Na transitoriedade da condição humana, o eu profundo deve emergir, desatando os inestimáveis recursos que lhe são inatos, graças aos quais o psiquismo comanda conscientemente a vida, abrindo o leque imenso das percepções paranormais.[89]

---

[89] Id., Ib., p. 75.

Enfatiza a necessidade do autodescobrimento, da dilatação de nossa percepção extrafísica, facultando maior compreensão da causa motivadora do sofrimento atual, que, certamente, procede de vidas passadas. Este mergulho no eu profundo poderá ser obtido através de terapias adequadas ou mesmo durante o desdobramento pelo sono físico, quando os mentores espirituais nos ajudam com os esclarecimentos necessários ao nosso equilíbrio emocional ante os problemas a serem enfrentados.

Quando atravessamos momentos difíceis em nossas vidas, dores e empecilhos que somente nós mesmos poderemos vencer, é natural que nos sintamos infelizes e tristes, já que somos humanos, mas é imperioso não descuidar do refazimento e restauração do equilíbrio íntimo através da prece, da meditação e da renovação mental, ajustando nossa sintonia para que, realmente, possamos ser ajudados pelos benfeitores espirituais.

Quando a dor nos visita o coração, passamos a valorizar cada momento, cada gesto, cada palavra... Ficamos mais sensíveis a tudo o que nos cerca e afloram as emoções que dormitavam em nosso mundo íntimo.

Os sons, a magia do Sol nascendo a cada manhã... A beleza do céu estrelado, o simples toque da mão de um amigo... A cidade iluminada aos nossos pés, refletindo a vida que prossegue além...

Capítulo 35

É possível sentir a beleza da vida, mesmo quando sofremos. Mas somente conseguiremos isso se mantivermos o equilíbrio emocional, a serenidade íntima, na aceitação do que a vida nos oferece como prova ou desafio a vencer.

Utilizando o conforto da prece, da leitura edificante, da visita fraterna, das palavras dos amigos que nos enviam vibrações de amor e carinho, ficamos mais seguros e tranqüilos, apesar da dor e do desconforto ante a expectativa de maiores problemas...

Como é importante o conhecimento espírita nestas horas de dor, onde as emoções nos levam a profundas reflexões para futuras mudanças, novos acertos, buscando cada vez mais a melhoria íntima.

Ressaltando o valor da oração nos momentos difíceis de nossa vida, procuro orar com a humildade e a fé extraídas do meu coração:

Senhor! Acenda em meu coração a luz do teu infinito amor para que eu sinta dentro de mim a chama da fé, calando toda a angústia e a tristeza que teimam em alastrar em meu caminho.

Não permita, Senhor, que o desencanto e a desilusão amargurem meus dias, nem que a solidão das horas mal vividas cubra de cinzas meu coração!

Infunde em todo o meu ser a luz de teu amor para que eu seja generosa e paciente ante as lutas do meu dia...

Momentos difíceis

Nos momentos de dor, ajude-me a vencer o medo que assalta meu mundo íntimo e que saiba confiar em seu poder, hoje, agora e sempre.

Senhor! Apieda-te de minha fragilidade e sustenta meu espírito para que o sofrimento não me impeça de prosseguir cumprindo os meus deveres.

Alimenta meu espírito com a essência do teu amor para que eu possa sobreviver com dignidade na dura batalha com as minhas imperfeições morais!

Senhor! Ajuda-me a vencer todas as dificuldades com paciência e coragem!

Assim seja!

36
Por que sofremos?

TODOS SOFREMOS na Terra, seja por injunção expiatória, por resgate, provação ou em conseqüência de atos atuais que, irrefletidamente, nos levam a situações conflitantes, lesando muitas vezes nosso psiquismo e complicando nossas vidas...

Sofremos a angústia do remorso, o desencanto das perdas e dos desconcertos na vida de relação, e não poderemos nos furtar à responsabilidade de nossos atos, daí recebermos, pela lei de causa e efeito, as dores advindas de faltas atuais ou do passado.

Quem não sofreu a dor da perda de um ente querido?

Quem não experienciou a amargura de uma separação que fere e sufoca os ideais de amor?

Quem não sentiu no peito a angústia de uma ingratidão ou o remorso por um ato irrefletido para com um amigo ou familiar a quem devemos respeito e compreensão?

Capítulo 36

Quem, realmente, nunca sofreu uma dor moral que magoa o coração e nos leva ao desencanto?

É inegável que todos sofremos. É certo que em diferentes níveis de sofrimento e apresentando comportamentos e reações diversas ante a crise moral ou sofrimento físico pela enfermidade, pelas lesões da alma ou perdas reais, seja no âmbito material ou espiritual.

Allan Kardec, no cap V, item 4 de *O Evangelho segundo o Espiritismo*, comenta:

> Interroguem friamente suas consciências todos os que são feridos no coração pelas vicissitudes e decepções da vida; remontem passo a passo à origem dos males que os torturam e verifiquem se, as mais das vezes, não poderão dizer: *Se eu houvesse feito, ou deixado de fazer tal coisa, não estaria em semelhante condição.*[90]

A Doutrina Espírita nos instrui sobejamente que a lei da vida é de causa e efeito: semeamos livremente mas teremos de colher, obrigatoriamente, o que semearmos. O adágio popular diz com sabedoria que "quem semeia ventos, colhe tempestade"... Somos diariamente envolvidos em situações com as quais teremos que manter um clima de vigilância e oração para não nos arrependermos, mais tarde, agindo contrariamente aos princípios cristãos.

---

[90] KARDEC, Allan. *O Evangelho segundo o Espiritismo*. 66. ed. especial. Rio de Janeiro: FEB, 1976.

Por que sofremos?

A dor tem função educativa porque somente reconhecemos que erramos ou transgredimos os limites dos padrões morais convenientes com nosso grau evolutivo, quando sofremos as conseqüências das ações contrárias à Lei Divina ou Natural. Somente o sofrimento nos leva a retificar os males engendrados, reparar os erros e à conscientização da culpa, motivando a reformulação de nossas vidas e o desejo de refazer o caminho de nossa redenção espiritual.

Allan Kardec fala com clareza e objetividade, no referido capítulo, sobre a origem das aflições que poderão advir dos erros do pretérito ou em conseqüência de atos da vida presente. Estabelece como fundamento irrefutável a função educativa do sofrimento e coloca a dor como propulsora do progresso moral, dizendo que: "as provações da vida os fazem adiantar-se, quando bem suportadas".[91]

Quando sofremos, ficamos mais sensibilizados com os acontecimentos em torno de nós, tornamo-nos mais introspectivos, vivenciamos emoções até então desconhecidas, lembramo-nos de orar com maior freqüência e mais contritos, compreendemos melhor o sofrimento alheio...

Observemos nossas atitudes e como nos comportamos ante o sofrimento.

---

[91] Id., Ib., cap. V, item 10.

Capítulo 36

Nosso posicionamento irá demonstrar se estamos realmente assimilando as lições enobrecedoras do Espiritismo. Tornando-nos mais reflexivos, podemos meditar profundamente nas causas das dores que nos chegam... Nossas atitudes irão mostrar se somos resignados ante o mal que se abate sobre nós ou se nos tornamos desesperados, revoltados e ansiosos. É um momento quando temos a humildade da aceitação, de avaliação de nosso estágio evolutivo e do testemunho de tudo o que já aprendemos e assimilamos ante os recursos que a Doutrina Espírita nos concede.

Quem já sofreu e conseguiu manter-se humilde e resignado, em atitude serena, buscando no autoconhecimento o ponto de partida para sábias reflexões, sentiu, neste processo de interiorização, a compreensão maior das possíveis causas do sofrimento. Além desta atitude compreensiva, tornamo-nos mais receptivos à ajuda espiritual, sentimo-nos mais tranquilos interiormente e gratos pelos gestos de apoio e carinho que nos chegam através dos amigos e dos entes queridos.

Quantas pessoas não se transformam para melhor, depois de uma enfermidade?

Quantas mudaram suas atitudes, hábitos perniciosos, abandonando vícios morais e se escudando na fé e no amor de Deus?

Quantos descobriram no âmago do ser o valor da vida, da imortalidade da alma, compreendendo melhor a Justiça Divina?

Por que sofremos?

Realmente a dor nos leva a uma compreensão maior da Lei Natural ou Divina e qualquer um de nós que tenha sofrido alguma doença grave, desilusões afetivas, dificuldades materiais com perdas irreversíveis, dores morais acerbas, encontrará, nos recursos da Doutrina Espírita, motivações para prosseguir vivendo com fé e confiança em Deus, buscando sua transformação e reeducação espiritual.

Joanna de Ângelis nos fala que "as aflições têm medida que se lhes atribui, aumentando-as ou valorizando-as, em face de uma atitude falsa ou decorrente da exigência de um mérito que em verdade não se possui...".

E prossegue a Mentora espiritual:

> Os aflitos a que se refere o Mestre são aqueles que da tribulação retiram o bom proveito; aqueles que encontram na dor um desafio para superarem-se a si mesmos; os que se abrasam na fé ardente e sobrepõem-se às conjunturas dolorosas; todos os que convertem as dificuldades e provações em experiências de sabedoria; os que sob o excruciar dos testemunhos ideais esposados, porfiando fiéis aos compromissos abraçados...[92]

Essa deve ser a nossa postura como espíritas ante o sofrimento...

---

[92] FRANCO, Divaldo P. *Rumos Libertadores*. Pelo Espírito Joanna de Ângelis. Salvador (BA): LEAL, 1978. P. 26.

37
A serviço de quem sofre

POR MUITO tempo ainda a Humanidade terrestre, ignorante das leis superiores, inconsciente do futuro e do dever, precisará da dor para estimulá-la na sua via, para transformar o que nela predomina, os instintos primitivos e grosseiros, em sentimentos puros e generosos. Por muito tempo terá o homem de passar pela iniciação amarga para chegar ao conhecimento de si mesmo e do alvo a que deve mirar. Presentemente ele só cogita de aplicar suas faculdades e energias em combater o sofrimento no plano físico, a aumentar o bem-estar e a riqueza, a tornar mais agradáveis as condições da vida material; mas, será em vão. Os sofrimentos poderão variar, deslocar-se, mudar de aspecto; a dor persistirá, enquanto o egoísmo e o interesse regerem as sociedades terrestres, enquanto o pensamento se desviar das coisas profundas, enquanto a flor da alma não tiver desabrochado.[93]

---

[93] DENIS, Léon. *O problema do ser, do destino e da dor*. 13. ed. Rio de Janeiro: FEB, 1985. Terceira parte, item XXVI.

Capítulo 37

Com a citação acima, Léon Denis – o grande filósofo espírita – resume o estado geral da Humanidade frente à problemática da dor.

Todas as ciências do mundo contemporâneo têm envidado esforços no sentido de minorar o sofrimento humano, seja no aspecto físico ou moral. Com o avanço da tecnologia, têm ampliado, consideravelmente, os meios e os recursos para aliviar a dor e realizar todo um processo de profilaxia no campo da Medicina e da Psicologia. Entretanto, todos estes esforços serão insuficientes, se não procurarem ir mais fundo no conhecimento do homem integral, analisando as causas mais profundas do sofrimento, dos desequilíbrios mentais.

A dor, em nosso estágio evolutivo, tem função educativa e é essencial na moralização de nossos atos e reparação existencial. Sofrendo, desenvolvemos nossos sentimentos, enobrecemos nossas atitudes, refinamos nossas emoções. Ainda é preciso que seja assim. Somente nos libertamos do primitivismo, da ignorância das Leis Divinas, através do processo purificador que o sofrimento imprime às nossas almas. O sofrimento é decorrente de nossa imperfeição moral.

Tanto é assim que, se analisarmos a história de nossa civilização, veremos que hão mudado as formas de sofrimentos, os tipos de males físicos que afligem os seres humanos. É que a reparação dos erros pretéritos não se processa sempre da forma equivalente ao anterior e muda de acordo com as circunstâncias e a evolução do ser. Mas serão sempre proporcionais às causas que os produzem. A Ciência tem procurado sanar, ao longo dos tempos, muitos males, mas surgem outros que se apresentam incuráveis até nossos dias. "A dor será necessária enquanto o homem não tiver posto o seu pensamento e os seus atos de acordo com as Leis eternas."[94] Deixarão de existir tão logo cessem as causas que os motivaram. O sofrimento nos ajuda, e muito, no processo de crescimento espiritual.

As dores que nos ferem não são necessariamente destinadas a nos destruir, a nos mutilar. Assumindo-as em seu caráter redentor e reparador irão, certamente, contribuir para a nossa evolução moral, irão nos proporcionar ensejos de trabalho e doações no campo humanitário e transmitir com humildade toda a vivência e enriquecimento que a dor nos ensinou, aos irmãos do caminho. O sofrimento nos torna mais idôneos e responsáveis, mais próximos do outro no momento de crise e, portanto, mais hábeis a socorrer, por entendermos mais profundamente todo o processo regenerador que a dor imprime em nosso íntimo. Quem já perlustrou o caminho do sofrimento sabe como agir em socorro do irmão, por compreender melhor o que está se

---

[94] Id., Ibid., cap. XXVI.

Capítulo 37

passando, por ter maior experiência e possibilidade de ajuda.

Toda pessoa que sofre tem melhores condições de ajudar? Não nos parece paradoxal?

Num recente livro, escrito pela doutora Sheila Cassidy, encontramos as respostas, mostrando-nos que não há exagero nesta afirmação. Presa e torturada por haver prestado socorros médicos a um revolucionário, durante a ditadura no Chile, de suas inúmeras vicissitudes ela soube tirar lições proveitosas, ajudando a dar assistência aos moribundos e, mais tarde, como diretora de um "Hospice" inglês. Todo o sofrimento que experimentou durante sua prisão, a perda do controle sobre a própria vida, a solidão e a violência sofrida enriqueceram seu espírito e a aproximaram, com liberdade, dos doentes terminais, desenvolvendo sentimentos de viva participação, de solidariedade e compreensão. Através da narração de sua experiência, a doutora Sheila mostra a verdade de uma assertiva: somente entendemos o sofrimento alheio e estamos, realmente, capacitados a acolher e cuidar das feridas de nossos irmãos, se já experienciamos a lapidação de nossa alma através da dor. Se formos "curadores feridos".

Aí, sim, teremos "desabrochada a flor da alma".

38
Ante o sofrimento...

"*Não há crer, no entanto, que todo sofrimento suportado neste mundo denote a existência de uma determinada falta. Muitas vezes, são simples provas buscadas pelo Espírito para concluir a sua depuração e ativar o seu progresso.*"[95]

NAS SITUAÇÕES mais aflitivas de nossa existência devemos sempre buscar a serenidade íntima. A pacificação de nosso mundo interior nos levará a uma melhor compreensão dos problemas e das dores morais ou físicas que se abatem sobre nós, ajudando-nos a suportá-las ou solucioná-las com coragem e fé.

Na visão espírita, não podemos desconsiderar a função educativa do sofrimento, entendendo sempre que ele faculta a lapidação de nosso mundo íntimo, propiciando-nos uma avaliação melhor de nossos valores morais, de nossa capacidade de vencer as dificuldades.

---

[95] KARDEC, Allan. *O Evangelho segundo o Espiritismo*. 66. ed. especial. Rio de Janeiro: FEB, 1976. Cap. V, item 9.

Capítulo 38

Se mantivermos o equilíbrio e a confiança em Deus, sofreremos menos. Em nossa escala evolutiva poderemos até atingir a sublimação através da dor, que nos motivará a ruptura com os compromissos negativos do passado, a correção e reparação das faltas cometidas, libertando-nos para novos empreendimentos.

Diz-nos Joanna de Ângelis que:

> o sofrimento de qualquer natureza, quando aceito com resignação – e toda aflição atual possui suas nascentes nos atos pretéritos do Espírito rebelde – propicia renovação interior com amplas possibilidades de progresso, fator preponderante de felicidade.[96]

No cap. 5, item 10 de *O Evangelho segundo o Espiritismo*, Kardec analisa as causas atuais e anteriores das aflições, levando-nos à compreensão maior das dores morais ou físicas sofridas na existência terrena. Ressalta que "aquele, pois, que muito sofre deve reconhecer que muito tinha a expiar e deve regozijar-se à idéia da sua próxima cura".[97] Entretanto, chama nossa atenção para o fato de nem sempre o sofrimento atual é conseqüência de uma determinada falta. Muitas vezes o espírito solicita determinada dificuldade ou sofri-

---

[96] FRANCO, Divaldo P. *Florações Evangélicas*. Pelo Espírito Joanna de Ângelis. 3. ed. Salvador (BA): LEAL, 1987. P. 63.
[97] KARDEC, Allan. Op. cit.

mento como prova, evidenciando seu desejo de progredir mais rapidamente. Geralmente isso ocorre com espíritos já em condições de assistir à programação de sua reencarnação, sugerindo determinados fatores de progresso, condições, etc. e que, quando já encarnados, denotam uma aceitação mais serena do que lhe acontece, mesmo nos momentos mais graves e dolorosos de sua vida.

Em seu admirável livro *Jesus e o Evangelho – À luz da Psicologia profunda* – Joanna de Ângelis nos fala, através da psicografia de Divaldo Franco, de todos os tormentos criados por nós mesmos, afligindo-nos a alma enquanto perduram os sentimentos negativos e demostra, sob a ótica dos questionamentos cristãos, como lidarmos com as cruzes que nos sobrecarregam os ombros ante o imperativo da Lei Divina.

"E o que não leva a sua cruz"... (*Lucas*, 14:27), acomodando-se ante os desafios do caminho, perdendo as oportunidades de realizar o bem comum, de ressarcir débitos, adia o seu crescimento espiritual, crucificado pelos seus tormentos íntimos."[98]

Em nosso crescimento espiritual, caminhamos para a libertação sempre que conseguimos nos sobrepor às inquietações que o sofrimento propicia,

---

[98] FRANCO, Divaldo P. *Jesus e o Evangelho – À luz da Psicologia profunda*. Pelo Espírito Joanna de Ângelis. Salvador (BA): LEAL, 2000. Pp. 199 e 200.

Capítulo 38

exercitando a paciência, a fé e a compreensão da Lei Divina e sua Justiça. Ao contrário, quando nos inquietamos ante as dores físicas ou morais, exigindo a compreensão alheia, o apreço e outros privilégios, estaremos nos nivelando aos que ainda se encontram distanciados da compreensão e do discernimento que os ensinamentos espíritas nos concedem... Pior que isso, estaremos fugindo de nossos deveres, caindo, algumas vezes, na apatia, no marasmo, transferindo para outros ombros as cruzes que nos competem carregar.

Sempre que formos chamados ao testemunho através do sofrimento, das perdas e das incompreensões humanas, o importante não é provar ao mundo o quanto somos fortes e corajosos, e sim testemunhar nossa crença, nossa fé mantendo a serenidade íntima, carregando nossa cruz com destemor e mostrando aos que caminham conosco, se já estamos vivenciando o conhecimento da verdade que o Espiritismo nos concede.

Quando a dor nos visita o coração, dulcificando nossos sentimentos, refinando nossas emoções e nos colocando mais próximos dos benefícios que os benfeitores espirituais nos concedem, poderemos aquilatar melhor o quanto é imensa a Misericórdia de Deus para conosco. Confiemos nesta ajuda. Oremos e aceitemos as dores que nos chegam como bênçãos e oportunidades de resgate e aprimoramento íntimo.

Ante o sofrimento...

A oração surge como sublime renovadora de nossos pensamentos e emoções. Certamente, ela não suprime a dor, se necessária, mas modifica nossas disposições íntimas, clarifica nosso pensamento para que analisemos com discernimento a situação que nos aflige.

Recordemos com Emmanuel, através da psicografia do querido Chico Xavier, o valor da prece quando ele nos diz:

> Quando a dor te entenebrece os horizontes da alma, subtraindo-te a serenidade e a alegria, tudo parece escuridão envolvente e derrota irremediável, induzindo-te ao desânimo e insuflando-te ao desespero; todavia, se acendes no coração leve flama da prece, fios imponderáveis de confiança ligam-te o ser à Providência Divina.[99]

Através da oração nossa alma se aquieta, nossa mente rompe com a retaguarda do medo, da inquietação, da sombra e compreendemos, mais do que nunca, o valor da vida que nos cerca, das bênçãos que recebemos a cada novo dia, da luz do conhecimento espírita que nos leva a entender melhor o processo terapêutico da dor em nosso caminho...

---

[99] XAVIER, Francisco C. *Religião dos Espíritos*. Pelo Espírito Emmanuel. 4. ed. Rio de Janeiro: FEB, 1978. Cap. "Oração e provação".

39
Reflexões

> "*Esta chuva que vem, numa triste ternura de saudade distante! Solidões pelo céu, grande paz, noite escura. Um rumor sempre igual, de passante a passante...*"[100]

ACABARA DE ler o poema de Cecília Meireles, hábito que me acompanha há longos anos, por sentir tanta beleza em seus versos, quando meditando sobre a vida e seus problemas, alguns tão difíceis de solucionar, de imediato, comecei a refletir com maior profundidade em torno dos últimos acontecimentos...

Você já notou como existem dias em que alguma coisa inexplicável acontece conosco, deixando-nos pensativos, nostálgicos... Não chega a ser uma tristeza, um sentimento de dor... É uma saudade dis-

---

[100] MEIRELES, Cecília. *Poesia Completa*. Edição do Centenário. Rio de Janeiro: Nova Fronteira, 2001. Vol. I. "Nunca mais... e poemas dos poemas." P. 42.

Capítulo 39

tante, como exprime a poesia, sem nos darmos conta de quem nem de onde... Continuamos com o firme propósito de não esmorecer ante as dificuldades da vida, mas um suave langor se apodera de nós e não nos resta outra alternativa senão nos deixar levar pela emoção do momento, expressando o que nos vai na alma, em nossa mente.

Geralmente isto ocorre após um longo período de privações ou provações, como a perda de um ente querido, o distanciamento de algum afeto, a enfermidade mais prolongada ou mesmo alguma dor moral que nos tenha abalado mais fortemente... Já nos recompomos ante o sofrimento. Mantemos uma atitude confiante e serena, mas aquele sentimento de saudade, de nostalgia vem de forma suave nos mostrar que ainda estamos distantes da normalidade ante os fatos do dia-a-dia. Precisamos nos manter vigilantes e orar sempre.

Em momentos assim, não podemos nos deixar levar pela inércia ou pelo pessimismo. Evitar que a melancolia nos afaste da realidade da vida, dos deveres assumidos, levando-nos a fugir de nós mesmos ou transferir para os outros a causa de nossas dificuldades ou problemas. Evitar a acomodação e o desânimo que nos impedem de prosseguir com coragem e fé, dificultando ainda mais a realização dos compromissos com a família, com as pessoas que dependem de nós para dar continuidade aos deveres de cada dia e, principalmente, não olvidar o trabalho que nos redime junto aos que sofrem.

Emmanuel nos diz que "para garantir a fortaleza do nosso coração contra o assédio do mal, é imprescindível saibamos viver dentro da serenidade do trabalho fiel aos compromissos assumidos com a ordem e com o bem".[101]

Muitos confundem a paciência e a resignação com a inação. Ficam à margem dos acontecimentos, sem solução e sem objetivos, aguardando que os outros resolvam suas dificuldades, ou apáticos e temerosos para enfrentar seus próprios problemas.

Há sofrimento e angústia torturando seu espírito?

Seus sonhos foram desfeitos pela incompreensão dos outros?

A ingratidão e o infortúnio visitam seu coração?

Não perca seu tempo com lamentações nem deixe que o desencanto amargure seus dias. Deixe que o pranto desafogue suas mágoas e seu sofrimento, mas não desespere, nem culpe a vida ou o próximo pelo que acontece em seu mundo íntimo. Somos os construtores de nosso destino. Certamente, no passado, muito fizemos sofrer, muito erramos e a Misericórdia Divina nos concedeu a

---

[101] XAVIER, Francisco C. *Fonte Viva*. Pelo Espírito Emmanuel. 21. ed. Rio de Janeiro: FEB, 1997. Cap. 136.

Capítulo 39

oportunidade do resgate e do aprimoramento moral através destas dificuldades de hoje. É sabedoria aproveitá-las na reparação das faltas de ontem.

"A mensagem da cruz é dolorosa em todos os tempos."[102] São palavras de luz que nos convidam a refletir em torno do que nos acontece e nos exemplos de quantos já passaram por dificuldades maiores e venceram, com paciência e amor.

Paulo em carta aos Efésios, 4:23, incita-nos a essa compreensão maior, dizendo: "Renovai-vos pelo espírito no vosso modo de sentir". E os benfeitores espirituais, ao longo de todos esses anos, com mensagens educativas e consoladoras, através das mediunidades de Chico Xavier, Divaldo Franco e outros abnegados médiuns, estão nos convidando a educar nossos sentimentos, equilibrar nossas emoções, apurando nossa sensibilidade ante os fatos da vida, para podermos, realmente, colaborar com a implantação do "Reino de Deus" nos corações dos homens e sua conseqüente moralização. É um processo de renovação que reeduca nossos espíritos.

Compreendo que esta educação começa nos momentos mais simples de nosso cotidiano, na contemplação da Natureza, na preservação dos valores e bens que ela nos dá, no relacionamento com os mais próximos em nosso lar, no trato com os que estão sob nossa responsabilidade, na área profis-

---

[102] Id., Ib., cap. 97.

sional, social ou religiosa, nos que nos atendem na vida pública, enfim, sempre que formos chamados a participar e colaborar na edificação do bem.

O Evangelho de Jesus é o roteiro seguro nessa trajetória de sublimação e educação moral. Basta compreender, assimilar e vivenciar seus ensinamentos.

Quando me deixo levar pela suavidade das lembranças do passado, sem me inquietar, enriquecendo meu mundo íntimo com a evocação de quantos me ajudaram a entender melhor a vida, dando-me o apoio fraternal necessário, esclarecendo minhas dúvidas, ensinando-me a respeitar a Lei Natural ou Divina, eu sinto que, de alguma forma, estou educando meus sentimentos através da gratidão e do reconhecimento a tantas almas generosas que cruzaram meu caminho. Neste exercício de reconhecimento busco, através da prece, as energias salutares que me incentivam e encorajam a enfrentar minhas dificuldades atuais.

Agradeço a Deus por tantas bênçãos recebidas através do conhecimento espírita, da evangelização nos primeiros anos de vida, da abnegação dos professores, da riqueza do livro educativo e moralizante que conforta meu espírito e o esclarece ante os deveres assumidos.

Estas reflexões, estimado leitor, são fruto de minhas experiências e do muito que tenho recebido nesta existência. Certamente não devo vangloriar-me delas, porque sei o quanto terei, ainda, de me

Capítulo 39

redimir e progredir através do trabalho redentor, mas gostaria de compartilhar com você que lê o que escrevo, tudo o que estou sentindo nesta divagação, diante desta chuva que vem numa triste ternura de saudade distante!... E juntos bendizer a vida, agradecendo a Deus a beleza de tudo o que recebemos, seguros de que somente através do amor e da compreensão maior do sentido da existência, estaremos sendo fiéis aos compromissos assumidos, quando nos preparamos para a atual reencarnação.

Deixar-nos levar pelas reflexões sadias e enobrecidas que nos aproximam dos amigos espirituais que estão investindo tanto em nossas tarefas junto ao bem, confiando em nossa possibilidade de vencer os obstáculos e prosseguir sempre, com fé e discernimento.

"Solidões pelo céu, grande paz, noite escura...

Um rumor sempre igual de passante a passante..."[103]

---

[103] MEIRELES, Cecília. *Poesia Completa*. Edição do Centenário. Rio de Janeiro: Nova Fronteira, 2001. Vol. I. "Nunca mais... e poemas dos poemas." P. 42.

40
Aparentemente humildes...

> *"(...) não ambicioneis coisas altas,
> mas acomodai-vos às humildes."*
> (ROMANOS, 12:16.)

A HUMILDADE retrata aquele que tem conhecimento real de suas limitações, é modesto, submisso às leis morais e em cujo coração não há lugar para o orgulho, a vaidade e a presunção.

Vocábulo de rara beleza, a palavra humilde nem sempre é bem compreendida ou usada com acerto. Muitos a confundem como subserviência ou julgam humildes aqueles que têm atitudes servis, submetendo-se a situações de covardia ou hipocrisia.

Jesus, o Mestre incomparável, que sempre agiu com desassombro ante os poderosos e os prepotentes, personificou a verdadeira humildade em todas as suas atitudes, deixando-nos uma doutrina legítima em que a convicção e a coerência não deixam margens às falsas interpretações.

Capítulo 40

A Doutrina Espírita, através das inúmeras mensagens dos benfeitores espirituais, fala da humildade como o sentimento nobre que nos conduzirá à conquista do "Reino dos céus" porque nos faz sentir como realmente somos, sem pretensões à infalibilidade e à superioridade.

No cap. VII, item 6 de *O Evangelho segundo o Espiritismo*, encontramos a assertiva clara de que o orgulho é o terrível adversário da humildade e que essa virtude é uma das mais esquecidas entre nós, porque, comumente, nos ofendemos com muita facilidade ante as dificuldades do caminho, ante as infelizes situações criadas por nossa invigilância, ante as injustiças ou qualquer sofrimento que se abata sobre nós, esquecidos de que somos os construtores de nossos destinos.

Não é fácil ser humilde num mundo competitivo como o nosso, onde os valores materiais são legitimados como conquistas indispensáveis à qualificação do ser humano, muitas vezes, em detrimento dos valores morais.

É, portanto, muito difícil diferenciar o verdadeiro humilde daquele que aparenta humildade. A humildade é um sentimento que floresce no coração do ser humano e, em determinadas situações, as atitudes externas não condizem com a realidade íntima. Revelam o convencionalismo e os condicionamentos de que se servem, ainda, aqueles que não conseguem sair da vida de aparência para a realidade da vida.

Por termos, muitas vezes, dificuldade em compreender a humildade verdadeira, chegamos, por ignorância ou falta de discernimento, a condenar ou repudiar os que possuem títulos, dinheiro, posição social, cultura acadêmica, como se a condição moral ou espiritual do homem fosse determinada por esses valores, de forma negativa.

Ensina-nos Emmanuel que:

> com Jesus, percebemos que a humildade nem sempre surge da pobreza ou da enfermidade que tanta vez somente significam lições regeneradoras, e sim que o talento celeste é atitude da alma que olvida a própria luz para levantar os que se arrastam nas trevas e que procura santificar a si própria, nos carreiros empedrados do mundo, para que os outros aprendam, sem constrangimento ou barulho, a encontrar o caminho para as bênçãos do Céu.[104]

Em nossas tarefas espíritas, devemos proceder com equilíbrio e humildade. Não desejar cargos ou funções, aos quais, ainda, não estejamos devidamente preparados para exercê-los. Procurar através do estudo e do trabalho no bem, gradativamente, ir alicerçando nossas conquistas e aprendizado em

---

[104] XAVIER, Francisco C. *Religião dos Espíritos*. Pelo Espírito Emmanuel. 4. ed. Rio de Janeiro: FEB, 1978. Cap. "Jesus e humildade".

Capítulo 40

bases sólidas, recordando que não é a posição de destaque que irá distinguir o cristão verdadeiro, e sim suas atitudes ante as funções que realize com amor em clima de fraternidade e união.

Nas palavras de Paulo (*Romanos*, 12:16) encontramos a posição de equilíbrio que deverá nortear nosso trabalho no centro espírita, adaptando-nos aos encargos assumidos, posicionando-nos gradativamente no labor cristão, sem precipitações ou atitudes vaidosas que atestem nossa incapacidade de seguir, realmente, as diretrizes do Espiritismo.

Emmanuel, comentando a assertiva: *"...não ambicioneis coisas altas, mas acomodai-vos às humildes"* nos diz:

> A palavra de Paulo é sábia e justa, porque escalando com firmeza as partes inferiores do monte, com facilidade lhe conquistamos o cimo e, aceitando de boa vontade as tarefas pequeninas, as grandes tarefas virão espontaneamente ao nosso encontro.[105]

A consolidação das bases de qualquer tarefa requer sedimentação e tempo.

Evitemos as atitudes precipitadas em busca de notoriedade e posições que nos destaquem no movimento espírita sem estarmos devidamente preparados para assumir as responsabilidades e os riscos de determinadas tarefas doutrinárias.

---

[105] Id. *Fonte Viva*. 21. ed. Rio de Janeiro: FEB, 1997. Cap. 118.

Aparentemente humildes...

Nas construções do bem, quando o trabalhador está pronto, o serviço aparece e cresce, às vezes, de forma assustadora...

É o que a experiência nos demonstra sempre.

41

Serenidade íntima

CONTA-SE QUE Gandhi, certa vez, foi interpelado por um amigo:

– Por que o senhor faz a campanha da não-violência?

E ele relatou: – Um dia apareceu um homem chamado Jesus e trouxe uma linda mensagem. Este homem que os cristãos dizem amar, mas é mentira. Não lhe dão a menor importância e eu hindu tive a felicidade de ler sete frases dele extraídas do Sermão da Montanha e nunca mais pude ter paz, porque compreendi que felizes são os que choram, felizes são os que padecem, felizes são os que têm fome e sede de justiça, felizes são os perseguidos... os misericordiosos... os pacificadores! E eu compreendi que a única força capaz de derrubar a prepotência do mundo é a não-violência e a pacificação!

Capítulo 41

Estas sábias palavras do mensageiro da paz, que pregou e exemplificou a não-violência, devem ser refletidas por todos nós cristãos, como advertência e ensinamento para que analisemos o que realmente estamos fazendo com este tesouro incomparável que é o conhecimento do Evangelho de Jesus...

Apregoado por todos nós cristãos como a verdade e o roteiro divino para nosso crescimento espiritual, tem sido assimilado em detalhes, mas pouco vivenciado em nossa vida de relação.

Como temos usado este código sublime no trato com o nosso próximo?

Já conseguimos perdoar incondicionalmente?

Amamos sem barreiras ou preconceitos?

Já conseguimos nos libertar da inveja, do orgulho, da ambição desmedida?

Sabemos orar com fé, confiando em Deus, certos de que "a cada dia basta o seu mal"?

E o tão sonhado Reino dos Céus, estará sendo construído dentro de nós, alicerçado no verdadeiro amor?

Refletindo nas lições de Jesus nos colocamos diante de questões tão simples, mas tão fundamentais à nossa felicidade e à edificação de um mundo de paz e fraternidade...

Serenidade íntima

E toda sua doutrina era a exemplificação constante do amor, alicerce de uma vida feliz, antídoto de todo o mal e energia que se expande em ondas de luz clarificando a vida em toda a sua plenitude...

Muitas vezes entendemos sua mensagem, sabemos relatar suas parábolas ricas de ensinamentos, mas quando temos que exemplificar esse conhecimento, ficamos embaraçados nas teias da incompreensão, do desamor, do desajuste entre o que já sabemos e o que devemos fazer em determinadas situações... É natural, porque somos imperfeitos e temos muito o que caminhar para a realização do aprendizado através dos exemplos e testemunhos...

Joanna de Ângelis, no livro *Sendas Luminosas*, fala do amor em sua expressão mais profunda quando nos diz:

> O amor expressa-se através da claridade do sol, da brisa venturosa, do silêncio ou das vozes da Natureza em festa, do sorriso da criança descuidada, da expressão de ternura do ancião, do olhar sonhador do artista, do braço forte do lutador, da aspiração do conquistador, do sacrifício do mártir, da esperança do servidor, da alegria que estua na alma de quem espera ternura e compreensão...
>
> O amor é paciente e confiante, irradiando-se como suave luz que aquece e clarifica o caminho... Nunca se cansa e jamais desiste.[106]

---

[106] FRANCO, Divaldo P. *Sendas Luminosas*. Pelo Espírito Joanna de Ângelis. Guarulhos (SP): Lis Gráfica e Editora Ltda, 1998. Pp. 157 e 158.

Capítulo 41

Se já podemos compreender o sentido do amor, não podemos desanimar, mesmo sem poder realizá-lo em toda a sua plenitude.

Um velho sábio que seguia viagem numa caravana, aproveitando o repouso naquela noite estrelada, colocou-se de joelhos a orar, quando se acercou dele um viajante que o observava tão contrito e indagou:

– Mestre, o que fazes ajoelhado na areia, sob a intempérie deste ar tão gélido?

O velho ancião, em silêncio, continuou sua oração.

O viajor repetiu a pergunta, agora com mais insistência:

– O que fazes nesta posição tão incômoda, há tanto tempo?

O mestre, interrompendo sua meditação, dirigiu seu olhar a algum ponto do horizonte e, após alguns segundos, interrogou ao jovem:

– O que vês além do horizonte?

– Nada, não percebo coisa alguma. Nenhuma caravana se aproxima de nós...

O ancião meditou algum tempo e perguntou novamente:

– O que vês no céu estrelado, além dos astros que fulguram?

– Não vejo nada – respondeu com ironia o viajante curioso.

Então, com calma e serenidade na voz, o mestre concluiu:

– Se nada vês, além da areia sob nossos pés, nem além das estrelas que cintilam no firmamento, nem além do infinito da paisagem que nos circunda, não poderás compreender o que faço, em silêncio, através da oração.

Sem nada entender, o jovem ainda perguntou:

– Por que não consigo ver as coisas que dizes estar vendo?

O mestre com ponderação argumentou:

– Porque para vê-las terás que usar teu coração e ele anda muito ocupado. Estando eu a orar, falo com o Pai Criador de tudo o que vês e do que não percebes, ainda... Certamente irias pensar que estou mentindo se eu lhe dissesse que ouço as respostas dele através das coisas invisíveis que poucos percebem... Quando estiveres impregnado do Amor que Ele irradia, saberás orar ante a Natureza que falará de seu poder e de sua glória... Assim, deixe-me prosseguir em minhas orações e aquiete teu coração para que um dia, no outono da vida, também possas conversar com Deus e entender suas respostas, na linguagem dos ventos, na luz das estrelas, no silêncio da noite onde seu amor nos envolve em ondas de paz!

42
Cruzes de tormentos

> Sobrepor-se às inquietações do caminho
> é roteiro para libertar-se e progredir.

EM SEU admirável livro *Jesus e o Evangelho – À luz da Psicologia profunda*, Joanna de Ângelis, através da psicografia de Divaldo P. Franco, nos fala de todos os tormentos criados por nós mesmos, afligindo-nos a alma enquanto perduram os sentimentos negativos e demonstra sob a ótica dos ensinamentos de Jesus como lidar com as cruzes que nos sobrecarregam os ombros ante o imperativo da Lei Divina. Em oportunas colocações ela irá mostrar como carregar, principalmente, a cruz invisível e transformá-la em asas de ascensão, sabendo identificar cada sofrimento, notadamente aqueles que são despertados quando nos rebelamos ante as injustiças sociais e morais, tão comuns na modernidade.

Capítulo 42

E o que não leva a sua cruz... (*Lucas*, 14:27), acomodando-se ante os desafios do caminho, perdendo as oportunidades de realizar o bem comum, adia o seu crescimento espiritual, crucificado pelos seus problemas e padecimentos íntimos. Somente na busca do conhecimento interior o ser conseguirá identificar seus objetivos maiores ante o dever e o progresso moral, libertando-se e pacificando sua vida.

> Carregar, portanto, a sua cruz é não se submeter a imposições mesquinhas de quem quer que seja, tornando-se livre para aspirar e conseguir, para trabalhar e alcançar as metas da auto-iluminação, tendo como modelo Jesus, que rompeu com tudo aquilo que era considerado ideal, estabelecido, legítimo, porém dominante nos círculos dos viciados, dos poderosos, que o túmulo também recebeu e consumiu na voragem da destruição dos tecidos, não, porém, das suas vidas. (...) Mas, sem dúvida, é necessário que cada qual leve a sua cruz de responsabilidade, de iluminação e de eternidade.[107]

Em nosso processo evolutivo, caminhamos para esta libertação sempre que conseguimos nos sobrepor às inquietações que o sofrimento nos propicia, exercitando a paciência, a fé e a compreensão da Lei Divina.

---
[107] FRANCO, Divaldo P. *Jesus e o Evangelho – À luz da Psicologia profunda*. Pelo Espírito Joanna de Ângelis. Salvador (BA): LEAL, 2000. P. 200.

Ao expressarmos a tolerância e o entendimento ante as agressões morais em forma de ingratidão, de calúnia, de desapreço, principalmente daqueles a quem procuramos ajudar, estaremos certamente evidenciando nosso crescimento espiritual, mesmo que seja diminuto ante nossas necessidades de resgate e provações redentoras.

Ao contrário, quando nos desesperamos e nos inquietamos ante as dores físicas ou morais, exigindo a compreensão alheia, o apreço e outros privilégios, estaremos nos nivelando aos agressores, fugindo de nossos deveres, caindo no marasmo, na apatia, transferindo para outros ombros nossas obrigações, nossas cruzes, nossas dores...

Sempre que formos chamados ao testemunho através do sofrimento, das perdas ou incompreensões humanas, o importante não é provar ao mundo o quanto somos fortes, corajosos, e sim manter a serenidade íntima, a fé, o destemor, carregando a nossa cruz e testemunhando para os que caminham conosco se estamos vivenciando o conhecimento da verdade que a religião espírita nos proporciona. Quando ela realmente alcança nosso coração, dulcificando nossos sentimentos, nossas emoções e nos colocando num patamar onde as agressões externas não nos atingem, somos os vencedores na árdua batalha que travamos com nossas imperfeições morais.

Capítulo 42

Este comportamento não é quimérico ou fruto de ilações místicas, mas o resultado de todo um processo de transformação moral, íntimo, profundo, agindo de dentro para fora, inerente a cada ser em sua conquista individual e intransferível.

Carregar, portanto, a cruz, "transformando-a em asas de ascensão", como nos ensina Joanna de Ângelis, irá acarretar para todos nós mudanças profundas ante situações inevitáveis:

> É óbvio que essa decisão lhe imporá cruzes de tormentos vários: no lar, em razão das conjunturas egoístas dos familiares que se atribuem direitos sobre aqueles que lhes constituem o clã; no grupo social, acostumado a desfrutar dos gozos que lhe são dispensados; no trabalho profissional, onde os interesses giram em torno do poder e do ter; nos relacionamentos fraternos que sempre exigem dos outros aquilo que cada qual não consegue em relação a si mesmo...[108]

Há de se buscar no processo educativo do ser nas luminosas referências das lições do Evangelho de Jesus, toda a riqueza informativa de que necessita a criatura humana para atingir a evolução moral a que está destinada, através das vidas sucessivas...

A Doutrina Espírita, adequando os ensinamentos cristãos às nossas necessidades atuais, vem

---

[108] Id., Ib., p. 199.

dando ao homem moderno as explicações lógicas e objetivas para se atingir o nível de conhecimento ideal, compatível com sua problemática de vida, com seus anseios e aspirações. O homem moderno se aturde ante o progresso material acelerado que o leva a grandes conquistas, mas não consegue debelar a miséria moral, exterminar as guerras, a violência e os preconceitos sociais.

Na esfera social os problemas são imensos e dizem respeito a cada um de nós... Na intimidade de nossas vidas, nossas cruzes são tormentos íntimos ante toda a avalanche de problemas que não conseguimos solucionar... Todavia, temos o aprendizado básico para tentar resolver cada um deles e, ainda, ser solidários com as dores alheias que reclamam de nós um gesto de amor e de solidariedade.

Jesus, o sublime terapeuta, nos traçou o roteiro. Basta a cada um de nós seguir suas diretrizes com humildade e fé. Estaremos assim carregando nossa cruz e seguindo o Mestre, rumo ao nosso destino maior!...

43
Devotamento e abnegação

ANALISANDO A vida que nos cerca, através das belezas que a Natureza nos confere a cada amanhecer, em sua renovação constante, refletindo a grandeza de Deus e sua benevolência para com todos nós, recordei-me das lições de Jesus, concedendo-nos a esperança e a fé através da promessa de que "estaria sempre conosco e estaria em nós"...

Basta que nos coloquemos em sintonia com o lado bom de tudo e de todos.

Você já avaliou, estimado leitor, o quanto somos beneficiados pelas dádivas da Natureza, da Vida que nos foi concedida como ensejo de resgate e crescimento enriquecedor, da Doutrina Espírita na presente encarnação?

Ante a riqueza da informação espírita, dos livros e mensagens que estão sempre ao nosso dispor, orientando-nos, suavizando as dores do caminho, encorajando-nos a prosseguir... Já pensou o quanto somos ricos, como detentores deste acervo?

Capítulo 43

Dentre todas as obras que enriquecem a literatura espírita, considero O *Evangelho segundo o Espiritismo* o livro ideal para nos acompanhar em todos os momentos de nossas vidas. Mais valioso, ainda, se torna quando suas palavras de luz já estão arquivadas em nossas mentes e aninhadas em nossos corações, dando-nos o discernimento, o consolo e a esperança.

A cada nova leitura, descobrimos toda uma riqueza de informações e nossa alma se acalma, as energias que fluem das lições de Jesus chegam até nossos corações em vibrações sutis a nos reabastecer, concedendo-nos ânimo forte para prosseguir nas lutas do dia-a-dia...

Refletindo em torno de uma mensagem, de autoria de O Espírito de Verdade, inserida no cap. VI, item 8 de *O Evangelho segundo o Espiritismo*,[109] duas palavras chamaram minha atenção pela importância que o nobre benfeitor espiritual lhe dava: *devotamento* e *abnegação*. Como sempre faço, para aprofundar em minhas deduções, fui ao dicionário e lá encontrei: "devoção = sentimento religioso, piedade, afeto; devotamento = dedicação; abnegação = desinteresse, desprendimento; abnegar = abster-se com sacrifício, sacrificar-se".

Concluí nesta análise que o conceito, sob a ótica restrita de seu sentido gramatical, limita de forma

---

[109] KARDEC, Allan. *O Evangelho segundo o Espiritismo*. 66. ed. Rio de Janeiro: FEB, 1976.

Devotamento e abnegação

acentuada as suas conotações relativas ao comportamento humano e seus sentimentos.

O Espírito de Verdade enaltece estas duas virtudes como sendo uma prece contínua e que encerram um ensinamento mais profundo, pois afirma *que a sabedoria humana reside nessas duas palavras.*

Realmente, a aquisição da verdade, da sabedoria em seu sentido mais amplo, somente poderá ser real, se o ser humano chegar a este grau de dedicação e desprendimento aludidos na mensagem. Quantos interesses imediatos terão que ser sacrificados, quantas renúncias para que a devoção, o amor, a abnegação se expandam e cresçam ante os objetivos maiores da vida de relação, do trabalho no bem, da dedicação voluntária e integral.

No capítulo já citado, item 4, Allan Kardec analisa o Consolador Prometido, enfocando as causas dos sofrimentos e misérias humanas, destacando o cumprimento da promessa do Cristo, com o advento do Espiritismo – a Terceira Revelação. "O Espiritismo vem, na época predita, cumprir a promessa do Cristo: preside ao seu advento o Espírito de Verdade."[110]

A Doutrina concede ao ser humano a busca incessante dessa Verdade, conscientizando-o de

---

[110] KARDEC, Allan. *O Evangelho segundo o Espiritismo.* 66. ed. especial. Rio de Janeiro: FEB, 1976.

Capítulo 43

sua destinação na Terra e de sua responsabilidade ante os deveres e o cumprimento da Lei Divina. Nas "Instruções dos Espíritos", todas as mensagens do citado capítulo são assinadas por O Espírito de Verdade, recebidas no período de 1860 a 1863. Todas elas são bastante conhecidas pelos espíritas por suas palavras de consolação e esperança para os que sofrem sob o látego da dor...

Na primeira mensagem, destacamos a célebre advertência: "Espíritas! amai-vos, este o primeiro ensinamento; instruí-vos, este o segundo".[111] Prossegue, chamando nossa atenção para o discernimento com que devemos agir no trato com os problemas humanos, nosso posicionamento ao defrontar com o sentimento de perda, com as dores morais e físicas. Ressalta a necessidade do estudo, mas coloca o amor como o móvel insuperável das conquistas espirituais.

Na segunda e terceira mensagens, consola e instrui aos deserdados acenando com a luz da esperança que a fé em suas palavras proporciona: "os que carregam seus fardos e assistem os seus irmãos são bem-amados meus".[112]

Sublime convite à renúncia e ao amor sem limites, levando o ser a esquecer suas dores para ali-

---

[111] Id., Ib, cap. VI, item 5.
[112] Id., Ib, cap. VI, item 6.

viar aos que padecem, sequiosos de compreensão e solidariedade.

O conhecimento da Lei Divina, a certeza da imortalidade da alma imprimem à consciência um novo alento, uma convicção maior ante o verdadeiro sentido da vida.

Na última mensagem, que motivou estas reflexões, fala da *abnegação* e do *devotamento*, colocando-os como resultantes da caridade e da humildade.

Por que teria afirmado que "a sabedoria humana reside nestas duas palavras [abnegação e devotamento]?".[113] E ainda acentua que essas virtudes encerram um ensinamento profundo, constituindo uma prece contínua.

A abnegação é um sentimento altruísta, que leva o ser à renúncia de si mesmo, ao esquecimento das coisas imediatas, de sua própria dor, para ajudar ao outro, na busca da plenitude, do amor desinteressado, da capacidade máxima de doação.

A Benfeitora espiritual Joanna de Ângelis nos ajuda a entender melhor, quando nos diz, no livro *Triunfo Pessoal*, cap. 9, psicografia de Divaldo P. Franco:

> A busca psicológica do significado existencial deve revestir-se de uma visão idealista do mundo, sem os

---

[113] Id., Ib., cap. VI, item 8.

Capítulo 43

excessos que desprezam os valores materiais, mas também sem o apego a esses, pensando-se em assegurar o futuro para onde se marcha.[114]

Este desinteresse, portanto, dentro de uma linha de equilíbrio e discernimento não interfere em nossos deveres para com a família e o meio social em que estamos inseridos, antes nos propicia um relacionamento saudável na proporção em que caminhamos para expressar os sentimentos enobrecidos da generosidade, do devotamento e da abnegação, dentro dos limites do nível ético que nossa posição espiritual nos concede.

Ajuda-nos, sobremaneira, o exercício constante da meditação, da reflexão em torno de nossos valores morais, na busca do autodescobrimento, o que nos levará, certamente, a uma consciência ética mais elevada, compatível com nosso desejo de superação dos vícios e desejos imediatistas.

Não podemos subestimar o valor da religiosidade no processo de superação dos aspectos negativos da personalidade humana. Os ensinamentos de Jesus, principalmente os que estão expressos no Sermão da Montanha, dão aos cristãos de todos os tempos o roteiro para a conquista dos valores morais – eternos e estabilizadores da harmonia íntima. É o próprio Espírito de Verdade que afirma:

---

[114] FRANCO, Divaldo P. *Triunfo Pessoal*. Pelo Espírito Joanna de Ângelis. Salvador (BA): LEAL, 2002. P. 154.

Devotamento e abnegação

Tomai, pois, por divisa estas duas palavras: *devotamento* e *abnegação*, e sereis fortes, porque elas resumem todos os deveres que a caridade e a humildade vos impõe. O sentimento do dever cumprido nos dará repouso ao espírito e resignação. O coração bate então melhor, a alma se asserena e o corpo se forra aos desfalecimentos, por isso que o corpo tanto menos forte se sente, quanto mais profundamente golpeado é o espírito."[115]

Não estaria neste contexto a conquista real da sabedoria humana, quando nos elevamos acima dos interesses materiais, quando esquecidos de nossos problemas e sofrimentos nos dispomos a servir?

Estendamos nossas mãos no socorro aos que padecem dores maiores que as nossas e notaremos que abnegadas mãos invisíveis estarão suavizando nosso sofrimento, balsamizando com o sentimento do amor nossas agruras... Eles já compreenderam o significado profundo da devoção e da abnegação... Amam sem restrições, perdoam sem condicionamentos e aguardam pacientemente por nós...

---

[115] KARDEC, Allan. Op. cit. Cap. VI, item 8.

44
Brilhe a vossa luz

> "*Vós sois a luz do mundo. (...) Assim, também, brilhe a vossa luz diante dos homens, para que vejam as vossas boas obras e glorifiquem vosso Pai que está nos céus.*"
> (MATEUS, 5:14 e 16.)

ENALTECENDO o valor dos cristãos que procuram, através do Evangelho, espargir luzes pelos caminhos da vida, Jesus deixa implícita, nesta assertiva, a humildade com que deve revestir a atitude daqueles que o seguem e glorificam ao "Pai que está nos céus".

Ao considerar seus discípulos como a luz do mundo não o faz, certamente, com o propósito de os enaltecer ou atribuir àqueles que seguem seus ensinamentos, privilégios ou considerações de superioridade ante os demais irmãos em humanidade. Ressaltava, porém, a responsabilidade de se conduzirem fielmente aceitando com humildade os deveres e tarefas, como luzeiros a indicar caminhos...

Capítulo 44

Estas palavras servem de estímulo a todos nós que buscamos seguir o Mestre no trato com os enfermos da alma, aflitos e desesperançados irmãos nossos trazendo no coração o infortúnio e a insegurança.

Sempre que me questiono em torno desta passagem do Evangelho, recordo-me de um fato curioso que sucedeu comigo há alguns tempos atrás... Andava muito atarefada e empolgada com a função administrativa na casa espírita onde era presidente, envolvida com papéis e reuniões que se sucediam na busca dos objetivos apregoados pelos estatutos, e na minha disposição de tudo poder resolver perdia, talvez sem perceber ainda, demasiado tempo neste trabalho quando em visita fraterna a uma instituição, fui apresentada a um confrade que eu muito admirava através de seus artigos e divulgação doutrinária em nossa região. Eu não o conhecia pessoalmente e fiquei feliz com este encontro. Após a apresentação, ele que já me conhecia de nome, foi logo dizendo: – Ah! você é a diretora que gosta de fazer tudo sozinha e não dá oportunidade a ninguém?... E, sorrindo, abraçou-me. Notando meu embaraço, disse palavras amigas e passamos a conversar sobre outros assuntos ligados à entidade que visitávamos. Fiquei surpresa com aquela observação, pois não me julgava daquela maneira e até me empenhava em trabalhar em equipe ao lado de outros companheiros, estimulando-os a assumir tarefas, organizando grupos de estudo, dando-lhes funções nos diversos setores da casa que trabalhávamos.

Mas como o companheiro que me alertara era alguém cuja crítica merecia estudo e análise mais profunda, comecei a vigiar e observar melhor minhas atitudes, sempre que ia tomar uma decisão ou organizar algum programa no Movimento Espírita. Este acontecimento foi muito útil e valioso no desempenho de minhas atribuições... A partir de então fiquei mais cautelosa, mais fraterna no trato com as pessoas que convivem comigo.

É importante aceitarmos as críticas com serenidade e humildade, procurando, sem preconceitos ou melindres, analisar nosso trabalho e nosso relacionamento na seara espírita. Sempre haverá algum fundamento de verdade nas colocações feitas por companheiros que nos observam e em suas observações poderemos tirar algum proveito para nossa melhoria espiritual e no melhor desempenho das tarefas assumidas.

Depois daquele encontro muita coisa mudou dentro de mim.

Hoje o querido irmão já está no mundo espiritual e talvez não se recorde desse encontro. Todavia jamais esquecerei suas palavras sinceras que, hoje, reconheço, foram ditas para ajudar-me.

Aprendi a ceder com mais facilidade quando o grupo em sua maioria discorda, mesmo estando

Capítulo 44

em posição de fazer prevalecer meu ponto de vista; a renunciar pacientemente e aguardar que as pessoas que trabalham comigo se sintam valorizadas e tenham oportunidades mais amplas para crescerem e desenvolverem tarefas melhores do que as que realizo; ouvir os mais jovens e aprender com eles muitas coisas que não tive oportunidade de assimilar no passado, principalmente, manter com todos um clima de fraternidade e união para que possamos caminhar juntos na busca dos mesmos ideais e objetivos.

A aceitação das críticas construtivas, a compreensão das limitações que alguns companheiros possuam e a aceitação das potencialidades de outros que são superiores às nossas, possibilitando um melhor desempenho na casa espírita, nos manterão numa posição mais serena e em condições de realizar um trabalho melhor em equipe, unindo esforços e mantendo um ambiente saudável e equilibrado.

Se conseguirmos agir com fraternidade e desprendimento em nossas lides espiritistas, ficará bem mais fácil nos conduzirmos com lealdade no mundo, onde somos defrontados com problemas mais intensos a exigir de nós renúncia e abnegação.

Vencendo as trevas de nossa inferioridade moral, a luz que o Cristo asseverou possuirmos poderá brilhar mais intensamente em nosso íntimo.

Para seguirmos Jesus, teremos que vivenciar os seus ensinamentos e a fraternidade será ponte de luz a nos unir, libertando-nos do egoísmo, do personalismo, da vaidade que tantas vezes nos separam e criam situações embaraçosas em nossas atividades espíritas.

Bezerra de Menezes nos diz que "manter a fraternidade em nossos grupos espíritas é dever impostergável, que nos cabe a todos nós". Este posicionamento é, sem dúvida, o primeiro passo na grande tarefa que nos compete como trabalhadores espíritas.

Nenhum de nós possui plenos direitos ou privilégios. Nosso dever será sempre o de servir. Recordando hoje aquela tarde distante em que o irmão querido nos alertou o coração, estou começando a entender suas palavras: "fazer tudo sem se importar com os que estão caminhando conosco...".

Agradeço a Deus a presença de tantos amigos generosos em meu caminho...

Emmanuel complementa nossas palavras com sabedoria ao dizer: "Transforma as tuas energias em bondade e compreensão para toda gente, gastando, para isso, o óleo de tua boa vontade, na renúncia e no sacrifício, e a tua vida, em Cristo, passará realmente a brilhar".[116]

---

[116] XAVIER, Francisco C. *Fonte Viva*. Pelo Espírito Emmanuel. 21. ed. Rio de Janeiro: FEB, 1997. Cap. 81.

45
O sentido existencial

> Superar todos os obstáculos para
> alcançarmos nossa ascensão espiritual.

JESUS, o psicoteraupeuta por excelência, ante a transitoriedade da vida física, afirma-nos que na busca do "Reino de Deus e sua Justiça, tudo o mais nos será acrescentado...", indicando-nos o caminho seguro de nossa ascensão espiritual. Esta afirmativa nos leva a profundas reflexões em torno do sentido existencial do ser humano. Certamente, se temos um objetivo na vida, se nos propomos a seguir determinadas metas e lutamos para atingi-las, todas as demais aspirações se tornam secundárias.

O homem, em sua trajetória vivencial, necessita apoiar-se num ideal, na busca constante de sua concretização, para ser motivado a lutar e enfrentar os obstáculos do caminho, superando todas as dificuldades.

A vida demonstra, a cada instante, como nos superamos e reagimos positivamente quando buscamos algo que desejamos, colocando-o como um objeto superior a ser conquistado. Embora alguns pensadores modernos aleguem que a ética e os princípios norteadores da vida nada têm a ver com os objetivos existenciais, consideramos que o senso moral (inato no ser humano em diferentes níveis) nos leva às conquistas almejadas, dentro dos padrões estabelecidos pela Lei Natural, tornando-nos, realmente, felizes e saudáveis, sem conflitos ou complexos de culpa, quando agimos dentro de determinados limites inerentes ao meio social em que nos situamos.

Se o "Reino de Deus" almejado motiva-nos às conquistas e lutas redentoras, não poderemos infringir a Lei Natural ou Divina. "A Lei Natural é a Lei de Deus. É a única verdadeira para a felicidade do homem. Indica-lhe o que deve fazer ou deixar de fazer e ele só é infeliz quando dela se afasta."[117]

Numa visão espiritualista e coerente com o conhecimento espírita, os princípios morais diferem das leis sociais impostas pelas diversas civilizações e que cerceiam a liberdade dos que buscam o verdadeiro sentido da vida humana.

Joanna de Ângelis informa-nos:

---

[117] KARDEC, Allan. *O Livro dos Espíritos*. 74. ed. Rio de Janeiro: FEB, 1994. Questão 614.

O sentido existencial

somos de parecer que o sentido, o essencial é a superação das paixões, a auto-iluminação para bem discernir o que se deve e se pode fazer, para harmonizar-se em si mesmo, em relação ao próximo e ao grupo social no qual se encontra, bem como à vida, à Natureza, a Deus...[118]

Quando se vive atento aos ensinamentos de Jesus, procurando vivenciá-los, incorporando-os à vida, a superação das dificuldades fica mais fácil e a partir do autoconhecimento, lutando contra as imperfeições morais que retardam sua marcha, o ser alcança, verdadeiramente, este sentido existencial. A partir daí nada o deterá nesta busca incessante...

A necessidade deste objetivo de vida é inegável e como espíritas temos maior conhecimento das Leis Naturais, acrescido da grande responsabilidade que se avulta, cerceando os abusos, limitando a ambição, colocando-nos numa linha de equilíbrio e bom senso. Este posicionamento deveria ser o de todos nós que já sabemos o caminho e os riscos inerentes aos que lutam por um ideal superior.

Emmanuel nos alerta com relação a esta responsabilidade e como é difícil, ainda, atender aos

---

[118] FRANCO, Divaldo P. *Amor, imbatível amor*. Pelo Espírito Joanna de Ângelis. 1. ed. Salvador (BA): LEAL, 1998. P. 103. Cap. 5.

objetivos maiores da existência, no cumprimento de nossos deveres junto à família, à sociedade e no campo religioso. Falamos que já estudamos com Jesus a ciência divina mas, ainda, não conseguimos atender aos interesses espirituais. O Benfeitor espiritual chama de "cortina do eu" esta barreira que dificulta nossa visão ante a realidade espiritual e compreensão do sentido da vida com a realização do que nos compete como obreiros do Senhor, a serviço do bem.

Ele assim se expressa:

examinemos imparcialmente as atitudes que nos são peculiares nos serviços do bem, de que somos cooperadores iniciantes, e observaremos que, mesmo aí, em assuntos de virtude, a nossa percentagem de capricho individual é invariavelmente enorme.[119]

Na realização de nossas tarefas, alimentados pelo ideal que imprime em nossas vidas um objetivo maior, defrontamos, ainda, com situações que precisamos superar usando o bom senso e a humildade. Seguindo o pensamento de Emmanuel, analisemos alguns momentos e vivências, emenda a "cortina do eu" impele-nos a ações incoerentes e comportamentos imaturos:

• no lar, ante dificuldades com familiares que dis-

---

[119] XAVIER, Francisco C. *Fonte Viva*. Pelo Espírito Emmanuel. 21. ed. Rio de Janeiro: FEB, 1997. Cap. 101.

O sentido existencial

cordam de nosso modo de pensar ou não seguem nossas diretrizes de vida, sentimo-nos injustiçados e incompreendidos, refugiando-nos na queixa e no desencanto, sem ao menos analisar com equidade o que sentem e o que pensam... Ante os conflitos familiares, geralmente, decresce nossa afeição para com aqueles que não concordam conosco ou não nos aceitam como desejaríamos...

- ante o companheiro do caminho que nos pede ajuda, estendemos a mão fraterna e solidária, entretanto, dificultamos a tarefa do que está adiante de nós sem depender de nosso apoio negando-lhe o sorriso da aprovação e de nosso desprendimento...

- nos labores assistenciais no centro espírita, ante irmãos mais dedicados que apresentam idéias e metas diferentes das nossas, quando aceitas pela direção dos setores nos quais trabalhamos, sentimo-nos marginalizados, sem dar-lhes nosso apoio e cooperação...

Somos, ainda, demasiadamente frágeis ao defrontarmos com situações difíceis onde teremos que testemunhar os ensinamentos já assimilados e este procedimento retarda nosso progresso moral e a conquista dos nobres objetivos que norteiam nossas vidas.

Capítulo 45

Respeitar a vida, amando-a; fomentar o progresso, trabalhando; construir a felicidade, perseverando; não fazer a outrem o que não deseja que o mesmo lhe faça, eliminam a possibilidade de *consciência de culpa, de conflito*, e dão-lhe um padrão para o comportamento equilibrado, uma diretriz para a conduta sadia.[120]

Jesus sintetizou sua Doutrina na excelência do amor direcionando nossos passos na busca do sentido existencial. Ele, como ninguém, soube exemplificar para a Humanidade o verdadeiro amor, deixando, através dos tempos que o sucederam, um rastro de luz a orientar nossa caminhada evolutiva e a concretização deste ideal maior.

---

[120] FRANCO, Divaldo P. Op. cit. Pelo Espírito Joanna de Ângelis. Pp. 103 e 104.

46
Gestos de amor

Pelos caminhos da vida, temos encontrado inúmeras oportunidades de exercitar o amor para aqueles que nos chegam angustiados e tristes, solicitando-nos ajuda e compreensão, solidariedade e apoio fraterno.

Muitas vezes, deparamos com irmãos que trazem, ainda, no peito o cáustico da revolta e do ressentimento, com enfermidades da alma exigindo de nós a paciência e a compaixão.

Deparamos, também, com os indiferentes, os amargurados e os corações solitários que não aceitam nossa generosidade nem escutam nossas palavras fraternas, incitando-nos à perseverança e ao amor desinteressado que aguarda pacientemente...

Há em nosso reduto mais íntimo aqueles que compartilham nossas vidas, que estão ao nosso lado, embora distanciados pelo desencontro dos ideais e dos sentimentos que os levam a nos recriminar, a discordar de nossos anseios, requeren-

Capítulo 46

do ainda mais amor, maior devotamento e uma incansável paciência para que, com o tempo, voltem a nos aceitar e compreender...

Existem os companheiros das atividades assistenciais e doutrinárias que comungam o mesmo ideal religioso, que nos acompanham na jornada redentora e, mesmo entre estes, há os que duvidam de nosso esforço no bem, abandonam-nos no meio da luta e, marginalizados, nos culpam de seus fracassos e frustrações... Isto reclama de nós um imensurável amor, uma capacidade de perdoar ainda maior, o que nos faz mais fortes, mais corajosos e confiantes nas leis da vida e em seus objetivos superiores.

Em nosso dia-a-dia, defrontamos todos aqueles que nos criam embaraços ou requisitam a dádiva do auxílio material ou conforto moral, para esses, saibamos ofertar o que de melhor exista em nós, exteriorizando nossa ajuda em gestos de amor que atendam a seus corações amargurados.

O amor é a essência da vida. Tudo se move em torno do amor que provém de Deus.

Quando se dá, sem aguardar-se retribuição; quando se perdoa, sem esperar arrependimento do ofensor; quando se ajuda a quem se recusa a progredir; quando se ampara a quem não pediu apoio; quando se compreende a ingratidão de uma pessoa amiga; quando se posterga o próprio prazer, a fim de propiciá-lo a outrem; quando a indulgência habita o coração e a alegria de viver reflete em todos os atos, encontrou-se o clima da alma do amor que passa a residir no país dos sentimentos.[121]

A abnegação dos missionários que Deus nos envia para minorar o sofrimento dos perseguidos, dos excluídos e miseráveis do caminho atesta o imensurável amor que move seus gestos, abençoando vidas e mitigando a dor onde ela se encontre...

São exemplos vivos a nos apontar roteiros e demonstrar que se não podemos realizar grandes feitos de generosidade e renúncia a favor dos que sofrem, poderemos, com gestos de amor, amenizar as dores dos que chegam até nós sedentos de paz e compreensão ou ir ao encontro do sofrimento e da solidão dos tristes e atormentados que aguardam nossa ajuda.

Fomos agraciados com exemplos de expressivas personalidades como as de Madre Teresa, Gandhi, Schweitzer, Chico Xavier, Irmã Dulce, Divaldo Franco, Cairbar Schutel, Eurípedes Barsanulfo e tantos outros anônimos para o mundo, mas que marcaram profundamente nossas almas, demonstrando a todo momento que não estamos sozinhos, nem desamparados nesta hora de grandes mudanças e desafios redentores para toda a Humanidade.

---

[121] FRANCO, Divaldo P. *A um passo da imortalidade*. Pelo Espírito Eros. Salvador (BA): LEAL, 1989. P. 11.

Capítulo 46

Diz-nos Emmanuel:

Se buscas o Pai, ajuda ao teu irmão, amparando-vos reciprocamente, porque, segundo a palavra iluminada do evangelista (*João*, 4:20), se alguém diz: – eu amo a Deus, e aborrece o semelhante, é mentiroso, pois quem não ama o companheiro com quem convive, como pode amar a Deus, a quem ainda não conhece?[122]

Não existe roteiro mais seguro, para todos nós que desejamos trilhar o caminho do bem, do que o Evangelho de Jesus em toda a sua grandeza e simplicidade.

"Amar o próximo como a si mesmo: fazer pelos outros o que quereríamos que os outros fizessem por nós", é a expressão mais completa da caridade, porque resume todos os deveres do homem para com o próximo. (...) Com que direito exigiríamos de nossos semelhantes melhor proceder, mais indulgência, mais benevolência e devotamento para conosco, do que os temos para com eles?[123]

Somente o amor preconizado por Jesus, como síntese maravilhosa de sua Doutrina, nos possibilitará a libertação espiritual, despertando em nosso mundo íntimo os anseios de plenitude e crescimento moral.

---

[122] XAVIER, Francisco C. *Fonte Viva*. Pelo Espírito Emmanuel. 21. ed. Rio de Janeiro: FEB, 1997. Cap. 71.

[123] KARDEC, Allan. *O Evangelho segundo o Espiritismo*. 66. ed. (especial) Rio de Janeiro: FEB, 1976. Cap. XI, item 4.

As modernas ciências da alma, que penetram na essência profunda das criaturas, fascinadas com as suas descobertas em torno dos conflitos e problemas, recorrem também ao amor, para que ele solucione os enigmas existenciais e erradique os agentes causadores dos distúrbios interiores e externos que aturdem a Humanidade. Assim, o amor deve ser causa, meio e fim para o comportamento feliz, que desperta com anseios de plenitude.[124]

É a terapia do amor agindo no âmago do ser, balsamizando as feridas e retificando as lesões da alma através dos corações abnegados que estendem suas mãos como alavancas de luz no socorro aos que sofrem!...

---

[124] FRANCO, Divaldo P. *Desperte e seja feliz*. Pelo Espírito Joanna de Ângelis. Salvador (BA): LEAL, 1996. P. 131.

47
Orquídeas do Evangelho

EM SE referindo à pregação dos ensinamentos de Jesus, o apóstolo Paulo, com propriedade, fala aos Coríntios: *"Eu de muito boa vontade gastarei e me deixarei gastar pelas vossas almas, ainda que, amando-vos cada vez mais, seja menos amado."*

(II CORÍNTIOS, 12:15.)

A advertência é adequada e atual a quantos se empenham na pregação espírita, discorrendo com brilhantismo sobre a bondade, a generosidade e a fé, mas, quando chamados à caridade, afastam-se apressados, alegando impedimentos e dificuldades diversas.

Embora reconheçamos que a caridade material apenas não basta para solucionar todos os problemas humanos, constitui um valioso aprendizado à doação de si mesmo. Seria um primeiro estágio para os aprendizes do Evangelho, desfazendo-se dos bens materiais em favor dos que padecem privações de toda ordem, para assim assimilar posteriormente as verdades eternas, exercitando a caridade moral que é bem mais difícil de ser vivenciada.

O Evangelho de Jesus nos conclama a esta doação de nós mesmos, servindo e amando iluminados pela fé e pelo amor.

Emmanuel, através da psicografia de Chico Xavier, no livro *Fonte Viva*, cap. 53, comentando as palavras de Paulo:

> Pregadores que não gastam e nem se gastam pelo engrandecimento das idéias redentoras do Cristianismo são orquídeas do Evangelho sobre o apoio problemático das possibilidades alheias; mas aquele que ensina e exemplifica, aprendendo a sacrificar-se pelo erguimento de todos, é a árvore robusta do Eterno Bem manifestando o Senhor no solo rico da verdadeira fraternidade.[125]

Sem desmerecer a beleza e a exuberância da orquídea que, enquanto presa aos troncos das árvores que a sustentam na floresta, não pode ser admirada pelos colecionadores, muitos candidatos à lavoura do bem perdem longos anos apegados a ilusões do domínio e da supremacia. A orquídea é incomparável em sua beleza invulgar, entretanto, poucos podem adquiri-la e pela sua raridade e dificuldade de sobrevivência em outro

---

[125] XAVIER, Francisco C. *Fonte Viva*. Pelo Espírito Emmanuel. 21. ed. Rio de Janeiro: FEB, 1997.

meio, floresce apenas uma vez a cada ano, o que requer paciência e cuidados especiais.

Aquele que não gasta e nem se gasta pelo engrandecimento do Evangelho, adverte Emmanuel, perde larga faixa de tempo apregoando virtudes que não possui, sentimentos que não cultiva, apoiando-se nos exemplos e possibilidades alheios, como a exuberante orquídea de nossas matas. Seu coração está ressequido pela vaidade e seus lábios falam por falar... Agradam aos ouvidos sem atingir o coração...

Seguindo o exemplo de Jesus, que elegeu o amor como solução para todos os problemas que afligem o homem aturdido, busquemos em seus ensinamentos o apoio para nossas vidas e sejamos sinceros em nossas atitudes. O mestre que nos elegeu o roteiro sublime para a ascensão espiritual não se limitava a ensinar, apenas, através das palavras, mas, principalmente, agindo em favor dos que o buscavam, livre de preconceitos, mediante um comportamento coerente, atendendo aos marginalizados do caminho, aos perseguidos, aos enfermos da alma e do corpo...

Norteando sua pregação no amor incondicional, elegeu um samaritano como o exemplo da solidariedade e do amor ao próximo, libertou consciências do complexo de culpa, embora conde-

Capítulo 47

nadas pela sociedade, desde que não retornassem a infringir a Lei Natural...

Todos nós que buscamos servir, empenhados em divulgar a Doutrina Espírita, estejamos atentos às palavras de Paulo, buscando o retraimento de nossa individualidade, abdicando-nos da vaidade, do desejo de supremacia, agindo como servidores fiéis que se orientam pelo amor com humildade e fé.

Recomenda-nos, ainda, o Benfeitor espiritual Emmanuel, que:

> a nossa preocupação fundamental em qualquer parte, portanto, deve ser a prestação de serviço em seu nome [nome de Jesus], compreendendo que a pregação de nós mesmos, com a propaganda de particularismos peculiares à nossa personalidade, será a simples interferência de nosso "eu" em obras da vida eterna que se reportam ao Reino de Deus.[126]

Na divulgação do Evangelho de Jesus devemos manter a coerência doutrinária com seus ensinos e buscar exemplificá-los, para que tenhamos a humildade e a serenidade revestindo nossas palavras.

Conta-nos Rabindranath Tagore numa de suas parábolas que:

> Adornado de vaidades, o tribuno com palavras de fogo chicoteava os ouvintes, pregando a revolução política.

---

[126] Id., Ib., cap. 55.

Todos os ouvidos, vibrando emoções vitoriosas, martelavam cérebros cansados de lutas inglórias. Como relâmpagos nos céus, as palavras elétricas do orador percorriam os finitos-infinitos ouvintes, iluminando-os depois.

Quando encerrou o comício, o ardente pregador da luta, admoestado por andrajoso rabi, engalfinhou-se em contenda inútil, exibindo pérolas falsas de palavras ocas.

Todos compreenderam.

Não era um líder quem falara antes, mas um guerreiro que batalhava consigo, sem conseguir vitória, ansioso por atear fogo à paz dos resignados.

...

No mundo, muitos pregam a guerra exterior, de irmão contra irmão, porque ainda não puderam ser a paz em cada coração...[127]

Busquemos no exemplo de Jesus a lição norteadora de nossos atos. Ele falava com suavidade, com sabedoria e renúncia.

Enquanto multiplicadores de opinião de todos os tempos usam a tribuna, a pluma, o altar, a força e a glória terrestre para apresentar os seus planos. Ele sobe a um monte defronte de um pequeno mar e canta o maior poema que jamais se ouviu, alterando

---

[127]FRANCO, Divaldo P. *Filigranas de luz*. Pelo Espírito Rabindranath Tagore. 3. ed. Salvador (BA): LEAL, 1986. P. 121.

Capítulo 47

por definitivo o significado dos valores humanos através das inesquecíveis bem-aventuranças.[128]

Se pretendermos seguir Jesus e nos apregoamos de divulgadores espíritas, o primeiro passo é gastar a vaidade que nos leva à superficialidade das coisas aparentes e enganosas... Este o grande desafio para o cristão decidido que sabe, como ninguém, que a humildade e a sabedoria caminham juntas!...

---

[128] FRANCO, Divaldo P. *Até o fim dos tempos*. Pelo Espírito Amélia Rodrigues. 3. ed. Salvador (BA): LEAL, 2000. P. 10.

48
Função social do Centro Espírita

"JESUS É a personagem histórica mais identificada com o homem e com a Humanidade",[129] reafirma Joanna de Ângelis o pensamento da Codificação Espírita, que preceitua a humanização do ser como base estrutural de uma sociedade mais justa e feliz.

Sendo o Espiritismo o Consolador Prometido por Jesus, restaurando a verdade e levando o homem aflito de nossos dias a profundas reflexões em torno da existência, propiciando-lhe a esperança e a minimização de suas dores morais, teremos no Centro Espírita o local ideal neste processo de orientação e educação das criaturas.

Analisando a trajetória evolutiva da Humanidade, encontramos muitos pensadores buscando a

---

[129] FRANCO, Divaldo P. *Jesus e atualidade*. Pelo Espírito Joanna de Ângelis. São Paulo: Pensamento Ltda, 1989. P. 24.

solução dos problemas humanos estabelecendo métodos, sistemas filosóficos e doutrinas que solucionassem os tormentos e angústias das criaturas... Alguns utilizavam sofismas, silogismos e fórmulas complexas onde o pensamento do homem aturdido encontrasse as explicações e soluções lógicas do porquê da vida, do sofrimento, das diferenças sociais, das mortes prematuras... E numa visão limitada, materialista, levava o ser ao existencialismo nulo e sem perspectiva de um futuro além das sensações físicas e do prazer. A morte para eles seria o final da existência física, encerrando a atuação do ser pensante.

Jesus, entretanto, utilizou palavras simples, parábolas singelas sustentando toda a sua doutrina no amor e na ética que busca a felicidade humana através da convivência pacífica e fraterna, unindo os seres pela filiação divina com o Pai amoroso e justo.

Allan Kardec, em *Obras Póstumas*, no capítulo "Liberdade, igualdade e fraternidade", destaca:

> Eliminai das leis, das instituições, das religiões, da educação até os últimos vestígios dos tempos de barbárie e de privilégios, bem como todas as causas que alimentam e desenvolvem esses eternos obstáculos ao verdadeiro progresso, os quais, por assim dizer, bebemos com o leite e aspiramos por todos os poros na atmosfera social. Somente então os homens compreenderão os deveres e os benefícios da frater-

nidade e também se firmarão por si mesmos, sem abalos, nem perigos, os princípios complementares, os da igualdade e da liberdade.[130]

Em suas palavras entendemos ser este o caminho para o progresso moral estruturado numa sociedade mais justa e fraterna, aniquilando o egoísmo – matriz de todos os males – causa das paixões e do sofrimento humano.

Neste contexto, o Centro Espírita tem, em nossos dias, uma função social e educativa expressivas, levando os indivíduos a atitudes mais humanas por compreenderem o real significado da vida, eliminando as atitudes belicosas e inconseqüentes como as guerras, a violência e as misérias sociais e morais.

Vivenciamos momentos de muita inquietação e sobressaltos nas informações que nos chegam a todo momento de tragédias, atos de terrorismo, violência urbana, desrespeito às leis e às instituições em todos os países do mundo.

Os dirigentes dos núcleos espíritas deverão estar preparados para atender aos que buscam a orientação espírita e o socorro espiritual nesta fase de nossa civilização onde campeiam a dor, os transtornos mentais alterando comportamentos, dificultando o relacionamento social e familiar. Nessa

---

[130] KARDEC, Allan. *Obras Póstumas*. 16. ed. Rio de Janeiro: FEB, 1977.

Capítulo 48

tarefa árdua, mas abençoada, estarão atentos todos os trabalhadores do centro espírita, procurando melhorar, cada vez mais, o atendimento aos irmãos sofredores dos dois planos da vida, buscando no estudo e na exemplificação do que assimilaram, uma atuação fraterna e compreensiva, em que a caridade se expresse no amor e na abnegação, acima das regras e normas estabelecidas.

Considero muito importante a preparação dos trabalhadores espíritas, não só pela continuidade que irão dar às tarefas encetadas, como pela qualidade do atendimento aos que buscam nossas instituições, ávidos de esperança, de orientação e de ajuda fraterna que os levem a encontrar a solução de seus problemas e amenizem suas dores morais.

O Espiritismo possui recursos indispensáveis ao esclarecimento das criaturas que desoladas e aflitas buscam as casas espíritas, como o único método capaz de sanar as misérias humanas através da Lei do Amor, mostrando ao homem aturdido de nossos dias por que sofre e o verdadeiro sentido da vida em seu processo evolutivo.

O conhecimento da Lei Natural ou Divina, os objetivos da reencarnação, a função educativa do sofrimento irão facilitar a integração do ser humano no meio social em que vive, sem revolta e sem distorções comportamentais. Estabelecer, através da Doutrina Espírita, um novo conceito de vida onde o senso moral seja desenvolvido num processo de educação e mudanças positivas do ser humano no cumprimento das leis morais, respeitando os direitos alheios e cumprindo o enunciado de que "somente deverá fazer ao outro o que gostaria que lhe fizessem".

O Espiritismo é uma doutrina realista e atuante. Propõe mudanças e reformas, sem intemperanças ou rebeldias. É a revolução com Jesus, agindo de dentro para fora, renovando o homem intimamente para sua destinação espiritual.

Léon Denis no livro *Socialismo e Espiritismo* assim se expressa:

> Somos o que fizemos de nós; nossa sorte feliz ou desgraçada está em nossas mãos; assim no encadeamento de nossas vidas, a ação da justiça se torna evidente. (...) Toda alma penetrada por essa lei, por esta necessidade de evoluir sentirá a grandeza de seu papel. Em presença dessa ordem universal, que sempre traz consigo os efeitos de suas causas, diante desta perfeição de formas e de regras, ela compreenderá que esta perfeição é chamada a realizar nela e em torno dela, e que, por isso, o infinito do tempo e do espaço lhe estão franqueados.[131]

A terapia do Evangelho de Jesus, a educação de nossos sentimentos sob a ótica espírita, minorando

---

[131] DENIS, Léon. *Socialismo e Espiritismo*. 2. ed. Matão (SP): O Clarim, 1987. Pp. 101 a 103.

Capítulo 48

nossas dores e aflições constituem a função principal do centro espírita nestes tempos difíceis que vivenciamos...

Nesta hora de testemunhos e provações, o dever fala mais alto para os trabalhadores responsáveis que deverão ajudar os mais fracos, evangelizar os mais rebeldes, esclarecer os que se acham em dúvida, perdoar e compreender os que ainda não conhecem as leis morais, da mesma forma que os benfeitores espirituais, pacientemente, nos amparam, nos consolam e nos ajudam apesar de nossa invigilância e rebeldia ante os valores mais nobres que deveríamos expressar em nossa vivência diária.

49
Ninguém morre

"*A sobrevivência da vida à morte é a única e legítima expressão da vida humana.*"[132]

AINDA CONSTITUI um grande enigma para os estudiosos da alma humana, o fenômeno da morte e as transformações que lhe seguem na transição do mundo corpóreo para o espiritual.

Preocupação constante de todos os povos, desde a remota religião dos *Vedas* na antiga Índia, nos santuários primitivos, nos cultos egípcios até nossos dias, a morte tem sido temida, cultuada e dissimulada em ritos e oferendas...

Preso cada vez mais às sensações e desejos imediatistas, o homem não percebe o sentido do imaterial, do etéreo e vê na morte a cessação da vida, o aniquilamento. Mesmo para os espiritualistas a mudança irrecusável "daqui para o lado de lá" ainda está impregnada de medos, dúvidas, incertezas e suposições.

---

[132] FRANCO, Divaldo P. *Desperte e seja feliz*. Pelo Espírito Joanna de Ângelis. Salvador (BA): LEAL, 1996. P. 171.

Capítulo 49

A concepção de morte varia infinitamente. Não podemos dizer que sentimos e pensamos, no mesmo teor ou condições, a problemática da morte. Para nós, espíritas que compreendemos melhor a situação da alma frente ao destino que a aguarda após a separação definitiva do corpo, a morte deveria ser encarada de um modo mais natural.

Entretanto, não estamos tão serenos, ainda, com relação ao futuro que nos aguarda.

Logicamente este estado de coisas decorre de nossas imperfeições morais.

Ainda não temos a pureza de consciência que exercerá maior influência na retomada de nosso equilíbrio após o fenômeno da morte.

A crença na imortalidade da alma e a mediana compreensão do mundo espiritual não nos confere imunidade nem salvo-conduto ante a experiência tantas vezes já vivida, mas que traz, a cada encarnação, incertezas e receios.

É comum, no meio espírita, não se informar devidamente sobre a morte e a perturbação espírita após o desligamento dos laços que nos retêm à vida física. Evita-se mesmo este assunto, como se estivéssemos, assim, livrando-nos de morrer ou adiando a inevitável viagem de retorno ao mundo espiritual.

Temos, contudo, a obrigação de estudar, de esclarecer em nossos grupos de estudos espíritas o que é a morte, como nos preparar para viver sem nos prender excessivamente à matéria e o que podemos, ainda em vida, fazer para ajudar neste instante tão importante para o Espírito imortal.

Afinal, morremos a cada instante, biologicamente, através da renovação celular e avançamos dia a dia para a contagem regressiva de nosso tempo na atual encarnação.

A certeza da continuidade da vida em outra dimensão, conservando a individualidade, as aptidões, as virtudes, os vícios, as imperfeições morais, confere-nos uma grande vantagem para podermos encarar com relativa tranqüilidade a desencarnação.

O Espiritismo lançou novas luzes possibilitando o intercâmbio com o mundo espiritual em bases científicas, facultando-nos o conhecimento das atividades múltiplas que nos aguardam...

A vida não cessa com a morte. Prossegue em sua plenitude espiritual elaborando novos ensejos ao progresso, à correção de nossas faltas, reparando e norteando as novas diretrizes na escalada infinita de nosso progresso espiritual.

Não podemos aceitar a morte como um retorno à verdadeira vida para estáticos ou passivos vivermos aquietados sem a mínima participação consciente. Seria o mesmo que reencarnarmos para não fazer nada, vegetar, viver sem objetivos.

Capítulo 49

É claro que, como espíritos em diversas categorias e múltiplos estágios evolutivos, estaremos no *post-mortem* enquadrados às nossas condições morais e espirituais.

Há realmente os que dormem por infinitos milênios...

Há os que padecem sob as cadeias do remorso...

Há os que choram na angústia do tempo perdido que não volta mais...

Há os que lamentam as oportunidades não aproveitadas que se foram...

Há os que sentem medo, pavor, ante a nova realidade espiritual...

Há os que, chumbados à matéria, procuram nos prazeres dos sentidos os vínculos perdidos...

Há os dementados sob a hipnose da loucura...

Mas há, também, os que sentem paz, alegrias infinitas ante o alvorecer de uma nova vida...

Os que buscam no trabalho a alegria da renovação...

Os que se alegram agradecidos ante a oportunidade do reajuste...

Os que encontram no socorro aos que padecem o motivo de sua paz...

E nós, o que sentiremos ao atravessar as fronteiras da morte?

Sabemos que a saída do casulo da carne nos devolverá a liberdade plena se já estivermos, realmente, livres...

Compreendermos que a morte não é a chave dos milagres das grandes transformações de homens em santos, de espíritos rudes e ignorantes em sábios, de almas perversas em gênios de bondade...

Lá chegaremos tal como somos aqui. Nossa bagagem será apenas a dos valores morais que acumularmos nesta existência. E nos comportaremos com as mesmas atitudes e reações vividas e sentidas na vida material.

Porque morrer é renascer para a vida imperecível!

Mas não nos confere nenhum privilégio na conquista da paz e da felicidade.

Esta conquista será resultante de nossos atos no decorrer de nossas atividades diárias enquanto caminhamos sob o fardo da existência corpórea.

Tanto seremos compelidos ao trabalho regenerado na encarnação, quanto na desencarnação, na existência da carne quanto na morte do corpo, tanto no presente quanto no futuro. Ninguém se colocará

Capítulo 49

vitorioso no cume da vida eterna, sem aprender o equilíbrio com que deve elevar-se.[133]

Resta-nos meditar profundamente sobre as nossas reais condições morais. E procurar viver sem as cadeias mentais que restringem a nossa capacidade de espíritos livres...

Libertando-nos das algemas dos vícios das falsas posições em que nos colocamos para fugir ao dever...

Procurando realmente viver a plenitude da vida enquanto "vivos" nesta esfera, para conquistar o direito de viver em paz depois de "mortos".

---

[133] XAVIER, Francisco C. *Obreiros da vida eterna*. Pelo Espírito André Luiz. 8. ed. Rio de Janeiro: FEB, 1971. Cap. XX

50
A felicidade é possível

ATRAVÉS DE todos os tempos, muitas religiões têm se mostrado ineficazes na solução dos problemas humanos, principalmente como agente de equilíbrio e profilaxia das dores morais que aniquilam as melhores aspirações de plenitude íntima.

Analisando a evolução do pensamento religioso até o século XIX, inclusive as denominadas cristãs, deparamos com instituições frias, radicais, tolhendo a liberdade de pensar e de agir através de um poder constituído.

Inúmeras religiões, demarcando as classes sociais, isolando-se em pontos de vista convencionais, alimentaram, durante séculos, as paixões inferiores, especialmente o egoísmo e o orgulho de seus adeptos, gerando a incredibilidade dos que não se submetiam às suas diretrizes e dogmas.

Detendo-nos apenas na análise do Cristianismo, é fácil entender como a distorção dos ensinamentos de Jesus, após o século III, levou os detentores do

Capítulo 50

poder temporal às atividades belicosas e perseguidoras, impondo deveres e compromissos gerados pelo fanatismo religioso, o que resultava em crimes hediondos em nome da fé cristã.

A perseguição religiosa, a intolerância aos que não seguiam suas crenças perduraram no Brasil até os meados do século XX. Ainda hoje, a fraternidade e a aceitação do outro, que não se identifica com determinado credo religioso, coloca o ideal cristão – "amai-vos uns aos outros" – bem distante da realidade em que vivemos.

Muitos estudiosos e escritores que analisaram a evolução histórica das religiões colocam-nas como obstáculos à conquista da felicidade. Argumentam citando exemplos das religiões orientais que, a pretexto da purificação interior e da elevação espiritual, adotam atitudes extremas de mortificação do corpo, sem conseguir debelar a miséria física e moral dos seus seguidores.

No Ocidente, a partir do século XIX, um novo conceito mais humano e social tem levado alguns líderes religiosos a uma conduta que visa a amenizar o sofrimento da Humanidade.

A evolução científica levou o homem a buscar sua libertação espiritual. Sua mente, mais aberta às pesquisas e às inquirições filosóficas, já não se contenta com o cerceamento de sua liberdade. Além deste posicionamento, surge, na maioria dos

A felicidade é possível

grupos religiosos cristãos, uma nova visão existencial com a preocupação de se impor uma nova ordem social alicerçada no amor, na fraternidade e na tolerância, numa tentativa de reparar os erros do passado...

A conclusão realista de tudo o que podemos observar, através da evolução histórica das religiões, é que elas, sempre se transformando em organizações ou instituições, vão se distanciando, aos poucos, de seus princípios básicos e de seus objetivos iniciais. Isto ocorreu ao longo dos tempos.

Com a Codificação no século XIX, uma nova visão dos conceitos de fé e moral cristã são estabelecidos. A razão e o raciocínio levam pesquisadores e estudiosos da alma humana e de sua destinação espiritual a uma formação religiosa mais profunda. É o Cristianismo que retorna cumprindo a promessa de Jesus, enviando-nos o Consolador Prometido.

Um novo alento surge nas almas sequiosas de paz e entendimento. A felicidade como ensinara Jesus é possível. Entretanto, a fé raciocinada leva o ser humano a entender o porquê do sofrimento, da dor e das desigualdades sociais através da lei da reencarnação, que confirma a Justiça Divina e suas conseqüências morais coerentes com o que nos ensinara Jesus.

A felicidade relativa, decorrente da harmonia íntima, é possível e todos poderemos consegui-la.

Capítulo 50

Este é, também, o pensamento de Joanna de Ângelis quando nos ensina que:

> Idear a felicidade sem apego e insistir para consegui-la; trabalhar as aspirações íntimas, harmonizando-as com os limites do equilíbrio; digerir as ocorrências desagradáveis como parte do processo; manter-se vigilante, sem tensões nem receios e se dará o amadurecimento psicológico, liberativo dos carmas de insucesso, abrindo espaço para o auto-encontro, a paz plenificadora.[134]

Compreenderemos então que a felicidade requer o autoconhecimento para estarmos em paz com a vida e com o próximo, limitando nossas ambições nos parâmetros do que nos é essencial, sem abusos ou distorções, desejar somente o que nos mantém equilibrados dentro do entendimento do real sentido da vida, manter a vigilância e a fé para sentir segurança e apoio nas horas difíceis, sabendo esperar e entender que nem tudo nos é lícito, mesmo sendo possível sua concretização. Aprenderemos assim a não fugir às responsabilidades assumidas, a respeitar as leis morais estabelecidas por Deus, nosso Pai, o que, certamente, resultará na conquista da paz e da plenitude íntima.

---

[134] FRANCO, Divaldo P. *O homem integral*. Pelo Espírito Joanna de Ângelis. Salvador (BA): LEAL, 1990. Pp. 121 e 122.

51
Em busca da felicidade

CONTA-NOS ANTIGA lenda que:

um homem possuía uma família feliz, uma propriedade ampla, arborizada, cabras, camelos e, próximo à montanha, um córrego de águas tranqüilas. Certo dia, um sacerdote eremita passou pela sua casa e falou-lhe da beleza, do valor dos diamantes que eram encontrados em terras distantes no leito dos rios imensos. A partir desse momento, a felicidade murchou-lhe no coração e, inquieto, ele vendeu tudo quanto possuía, entregou a família ao cunhado, prometendo voltar quando encontrasse diamantes e fosse rico, e muito feliz.

Viajou por terras distantes, vadeou rios, enfermou e morreu sem voltar a ver a família. O comprador da herdade, anos depois, hospedou o mesmo sacerdote eremita que, conversando após o jantar, notou estranha e fulgurante gema sobre a lareira. Examinando-a, deslumbrou-se e perguntou ao hospedeiro onde a encontrara, ao que este respondeu possuir incontáveis delas no córrego que nascia na rocha, ao fundo de sua propriedade.

Capítulo 50

Aturdido e trêmulo, o caminhante correu com o anfitrião ao lugar referido e deparou-se com extraordinária jazida de diamantes, que tornaria uma das mais famosas do mundo.[135]

Refletindo em torno dessa lenda, verificamos como é comum esta atitude em nossa vida. Muitas vezes, estamos diante da felicidade e não a percebemos ou não sabemos usufruí-la já que nossos anseios e perspectivas estão entorpecidos pela ilusão, distraindo-nos e perturbando-nos a realidade do que é melhor e essencial para nós.

A felicidade é conquista íntima alicerçada na paz, na consciência ética, na realização dos deveres e comprometimentos com relação à família e ao meio social em que estamos inseridos.

A competitividade, a ânsia do poder, as aquisições materiais desmedidas nos afastam das coisas simples da vida, distanciando-nos do que realmente poderia trazer a felicidade ao nosso mundo íntimo. Crescemos no sentido horizontal das conquistas materiais, supervalorizando a inteligência em detrimento da solidariedade, esquecidos de que somente o amor é capaz de sensibilizar o homem, amenizando as lutas do caminho.

---

[135] FRANCO, Divaldo P. *A um passo da eternidade*. Pelo Espírito Eros. Salvador (BA): LEAL, 1989. P. 15.

Em busca da felicidade

Amélia Rodrigues nos diz que:

contrastando com os pântanos que a tecnologia transformou em searas ricas e os desertos que se tornaram pomares, multiplicam-se os jardins que se fazem áridos e os trigais que são vencidos pelo sarçal. As estradas da esperança jazem ao abandono e as rotas da solidariedade permanecem esquecidas.[136]

A ambição do homem da lenda que possuía o essencial para se feliz levou-o ao abandono e à morte.

Jesus, possuidor de todos os bens, viveu sempre com simplicidade, distribuindo as bênçãos da paz e da saúde perfeita, valores prioritários na busca da felicidade.

---

[136] FRANCO, Divaldo P. *Há flores no caminho*. Pelo Espírito Amélia Rodrigues. 3. ed. Salvador (BA): LEAL, 1992. P. 2.

As duas árvores

ERAM DUAS árvores. Uma jovem, viçosa e tenra. Outra madura, robusta e frutífera. Estavam lado a lado, separadas por alguns metros. A árvore mais jovem contemplava a árvore frutífera. Desejava ser como ela. Tinha, sobretudo, um enorme desejo de tocá-la. Conjeturava sobre a trajetória de sua coirmã. Como teriam sido os tempos de semente da sua vizinha? Mesmo como jovem árvore uma coisa ela sabia. Para torna-se uma árvore a semente tem que mergulhar solitária no seio da terra e estar consigo mesma para poder crescer. Sabia ainda que apesar das lutas e dos desafios a vida também lhe oferecia sustentação. A semente que se prepara para desabrochar conta sempre com o acolhimento do seio maternal da terra, a nutrição da seiva e a luz solar que lhe renova as esperanças e as oportunidades a cada dia.

A jovem árvore constatava que a vida pululava nos ramos da sua vizinha. Mamíferos vinham procurar abrigo e alimentos. Pássaros usavam-na como berçário para renovação da vida. Insetos sugavam o néctar das flores. Também a irmã árvore vetusta convivia com o parasitismo e a simbiose de outras espécies. Homens buscavam a sua sombra e alimentavam-se com os seus frutos. Ela estava ali a seu lado para brindar, homenagear e engrandecer a vida.

Lufadas de vento visitavam-lhe os galhos e a árvore frutífera balouçava como estratégia para diminuir o atrito e contornar as suas eventuais dificuldades. Para resistir às intempéries a árvore experiente criou raízes fortes e profundas. Também seria impossível sem elas garantir a alimentação e a subsistência. Para crescer, florir e frutificar é imprescindível o enraizamento.

A neófita tinha em sua vizinha uma lição de vida e já havia entendido que as árvores são importantes pelos seus frutos, entretanto ainda não havia descoberto como saciar o desejo de tocar a sua companheira.

Depois de uma profunda reflexão ela conclui que era preciso crescer e enraizar-se porque as árvores que estão lado a lado apenas se tocam pela profundidade de suas raízes ou pela altura de suas copas.

EMANOEL DE CASTRO ANTUNES FELICIO

As duas árvores

Homenagem carinhosa à nossa irmã Lucy Dias Ramos, árvore enraizada, frondosa e frutífera que acolheu muitas vidas em seus "Ramos" e que, apesar de suas enormes lutas, prosseguiu na tarefa, manteve acesa a chama de *O Médium* e ainda nos brindou com textos riquíssimos na própria revista e no *Reformador*.

Este livro foi impresso
no Departamento Gráfico da
FEDERAÇÃO ESPÍRITA BRASILEIRA
na cidade do Rio de Janeiro
em março de 2008.

www.febnet.org.br